满洲交通史稿补遗

第二卷

苏州大学东亚历史文化研究中心
吉林省社会科学院满铁研究中心

主　编　武向平　孙　彤
副主编　孙　雁

SSAP
社会科学文献出版社
SOCIAL SCIENCES ACADEMIC PRESS (CHINA)

本卷目录

海运港湾编　二

满铁与上海航线

北清轮船、大连合名轮船公司

港湾编·第三类·运营关系资料（上）

海运港湾编

二

No.

（44）

上海航路開始ニ伴ヒ上海郵船支店ニ對スル代理店委託契約書

契約書　一

南滿洲鐵道株式會社（以下單ニ甲ト稱ス）ハ上海ニ於ケル代理店ヲ日本郵船株式會社（以下單ニ乙ト稱ス）ニ委託スルニ付契約スル條項左ノ如シ

第一條　甲ハ大連上海間航路ヲ開始シ南滿洲鐵道トノ連絡輸送ヲ課スルニ付乙ハ甲ノ代理店トシテ上海ニ於ケル荷客募集及ヒ其取扱ヲ為スモノトス

第二條　甲ハ左ノ割合ニ據リ代理店手數料ヲ乙ニ支拂フモノトス

一、輸出荷物ニ對シ　正味收入運賃高ノ五歩

No.

（正味收入運賃高トハ荷主戻金及ヒ問屋口銭ヲ差引タルモノ以下同シ）

一輸出船客ニ對シ　正味收入運賃高ノ五歩

一輸入荷物ニ對シ　運賃高ノ貳歩

第三條　荷客ノ運賃率並ニ荷主戻金問屋口銭ノ歩合ニ關シテハ

乙ハ甲ノ所定ニ基キテ取扱ヲ為スモノトス

但シ運賃率戻金等ニ改定ノ必要アリト認ムル時ハ甲ノ

承諾ヲ受クルモノトス

第四條　甲ノ責任ニ屬スル荷物ノ喪失、損傷等ニ對スル辨償金ニ

關シテハ乙ハ甲ノ承諾ヲ得テ之カ支拂ヲ為スモノトス

ヲ-0022　B列5　28字×10　南滿洲鐵道株式會社

No.

但シ金額五拾弗未満ノ辨償金ニ関シテハ此限ニ非ス

第五條　乙ハ上海ニ於ケル乙所有ノ桟橋ニ船舶ヲ繋留スヘシ其繋船料ハ参日以内壹回ニ付金百弗トシ参日以上ハ壹日ニ付金参拾弗ヲ加フ

但シ乙所有ノ桟橋差支ノ時ハ他ノ桟橋ニ繋留スヘシ此場合ノ繋留費ハ実費ニ依ル

第六條　乙ハ甲ノ大連上海航船ニ依ツテ輸送スル貨物庫入ノ為メ上海ニ於ケル乙所有ノ倉庫ヲ使用セシムヘシ甲ハ之ニ對シテ所有ノ庫敷料ヲ乙ニ仕拂フモノトス

第七條　業務上必要ノ電報料郵便料及ヒ新聞廣告料ハ甲ノ負擔

ヨ-6022　B列5　28字×10　南満洲鐵道株式會社

No.

トス

第八條　筆紙墨等ハ甲ニ所定ノ様式アルモノハ甲ヨリ之交付シ其他ハ一切乙ノ負擔トス

第九條　本契約ハ明治四拾壱年七月弐拾壱日ヨリ有効トシ但シ双方参個月前ノ豫告ヲ以テ何時ニテモ解約スル事ヲ得

右契約成立ノ證トシテ本書弐通ヲ作成シ各其壱通ヲ保有スルモノナリ

明治四十壱年七月弐拾壱日

清国大連児玉町
南満洲鉄道株式会社

副総裁　中村是公

ヨ-5022　B列5　20字×10　南満洲鐵道株式會社

No.

東京市麹町区有楽町壱丁目壱番地

日本郵船株式会社

取締役社長 近藤廉平

■-0022 B列5 23字×10 南満洲鉄道株式会社 (13. 9. …)

No.

(45)

上海航路新船填設上申ノ件

華文第二一〇號　丙

明治四十三年十月三十一日　南満洲鉄道株式會社

埠頭事務所長

横崎猪太郎　印

重役　御中

聯絡船之件、

當地上海間ノ聯絡船客次第ニ増加シ現在ノ中室二十二名宛ノ客室ヲ有スル神戸、西京ノ二隻ニテハ既ニ不足ヲ感シ現ニ一等ノ聯絡切符ヲ有スル乗客、八、九名ヲ無理ニ二等室ニ繰下クルノ止ムヲ得サルコト數回ニ及ヒ其交渉談ニ困難ニシテ今後如斯状態ヲ持續スルコトハ本社經營ノ聯絡設備トシテ到底堪ヘ得ベキ

[illegible]ニアラズ加之現在ノ二隻ニテハ実際直通聯絡ノ目的ヲ全スルハ僅ニ一週一回ニ過キズシテ其他ハ當地一泊ノ不便ヲ免レズ斯クテハ折角[redacted]本社聯絡線路ガ東清線、満鐵上海向ノ迂路ニ比シ遙ニ有利ノ位置ニアリナガラ其船舶ノ設備、ノ不完全ナルガ故ニ充分ノ効果ヲ収ムルコト能ハサルハ頗ル遺憾ノ至リニ付壱週三回ノ欧亜急行列車ニ對シ汽車ヨリ船ヘ、又ハ船ヨリ汽車ニ移ル旅客ニ對シ何レカ一方ニテモ直通聯絡セシムルノ目的ヲ以テ左案採用相成度

一、總噸数三千噸ノ聯絡船三隻ヲ新造スルコト

（釜掃除ノ為メ臨時雇船ノ煩ヲ除ク）

No.

二、上海大連間ヲ三十六時間ニテ航海セシムル為メ最強十七浬普通十五浬ノ速力ヲ有セシムルコト、

三、満載吃水ヲ十七呎トナスコト

四、一等客室ヲ五十室百人分、二等室ヲ六室二十四人分三等室ヲ二百人分トスルコト。

五、機関ハ普通船用機関ヲ採用スルコト

六、上海ニ於テ適当ナル専用棧橋ノ契約又ハ設備ヲナスコト

以上

ヲ-0022　B列5　28字×10　南満洲鐵道株式會社　(13. 9. 10,000冊 [illegible])

No.

(46)

上海航路営業ヲ大連汽船株式会社ニ委任経営認可

監第一〇四六號

南満洲鉄道株式會社

大正十年三月七日附申請上海航路営業ヲ大連汽船株式会社ニ委任経理ノ件認可ス

大正十一年六月十九日

鐵道大臣　伯爵　大木遠吉

鐵道大臣之印

ヲ-C022　B列5　28字×10　南滿洲鐵道株式會社

No.

417

日本郵船株式會社ト西京丸傭船契約

傭船契約

今般船主日本郵船株式會社（以下單ニ船主ト称ス）ト南滿洲鐵道株式會社（以下單ニ傭船者ト称ス）トノ間ニ左記汽船ニ付キ傭船契約ヲ結フコト左ノ如シ

一、汽船ノ名称及國籍　西京丸　日本

一、船籍港　東京市

一、船長ノ氏名　伊達民一

一、船質　鋼

一、甲板層数　参層

一、最大ノ長　参百貳拾尺壹寸五分、幅四拾尺参寸

ヨ-0022　B列5　28字×10　南滿洲鐵道株式會社　（13. 9. 10,000）

No.

一、深　拾八尺九寸貳分

一、總噸數　貳千九百四噸四参

一、登簿噸數　壹千六百四拾四噸六五

一、公称馬力　参百八拾七馬力

一、平均速力　拾貳海里貳

一、石炭消費高　貳拾四時間ニ付　約六拾噸

一、石炭庫　四百拾壹噸

一、「ウヰンチ」数　貳台

一、製造年月日　明治貳拾壹年六月進水

一、積荷高　重量　壹千噸　容積　壹千貳百噸

ヨ-C022　B列5　28字×10　南満洲鐵道株式會社　(13. 9. 10,000)

No.

一、乗客定員

壹等　参拾貳名　貳等　参拾四名

参等　貳百七拾名

一、艙口数及寸法

第一艙口　八呎─八呎

第二艙口　拾六呎─拾呎

第三艙口　中甲板（左右ニアリ六呎六吋─四呎）

下甲板（左右ニアリ拾六呎─六呎）

及上甲板（拾貳呎─拾呎）

一、艙門数及寸法

八箇

二個　四呎八吋五─参呎拾壹吋

二個　四呎九吋─参呎拾壹吋

二個　四呎九吋─四呎

二個　四呎─参呎六吋

第一條　傭船料ハ壹箇月金八千五百圓ノ割合トシ後払ニテ壹箇月分ヲ貳回ニ分ケ半箇月毎ニ東京ニ於テ傭船者ヨリ船主若クハ其代理人ニ仕払フヘシ

第二條　本契約ノ期間ハ本船供用ノ日ヨリ向フ壹箇年トシ満期ノ際本船航海中ナルトキハ航海ヲ終ルマデ本契約ハ有効タルベシ又航海ノ都合ニテ傭船者ハ満期前五日内ニ本船ヲ解傭スルコトヲ得此等ノ場合ニ於テハ傭船料ハ日割ヲ以テ計算スヘシ

第三條　傭船者ハ自己ノ都合ニ依リ満期壹箇月前ノ豫告ヲ以テ五箇月以内本契約ヲ継續スルコトヲ得

第四條　本船ノ航行区域ハ大連上海間トス此以外ノ航路ニ航行セシメントスルトキハ船主ノ承諾ヲ要スルモノトス

第五條　傭船者ハ本契約條項ニ從ヒ前條ノ航行区域内ニ於テ自

No.

由ニ本船ヲ航行セシム

第六條　船主ハ本船カ貨物及ヒ旅客ヲ搭載シテ航海ヲ為スニ適シ且之故障ナキモノナルコトヲ保證シ前契約ヨリ引續キ本船ヲ傭船者ノ用ニ供スヘシ

第七條　本契約カ満期其他ノ事由ニ因リ終了ニ至リタルトキハ傭船者ハ上海港若クハ大連港ニ於テ本船ヲ解傭スヘシ

第八條　傭船者ハ貨物及ヒ旅客取扱ノ為メ特ニ其使用人ヲ本船ニ乗組マシムルコトヲ得

第九條　本船ノ経費中傭船者ノ負担ニ属スヘキ費目左ノ如シ

一、本船燃料石炭及ヒ汽罐水

No.

一、貨物及ヒ旅客ニ関スル一切ノ経費

一、出入港税、噸税、燈台料、水先料及ヒ桟橋維繋料

一、傭船者ヨリ乗組マシメタル者ノ給料、食料及ヒ其他ノ
費用

一、傭船者ノ為メニ使用スル通船料

第十條　本船ノ経費中船主ノ負担ニ属スヘキ費目左ノ如シ

一、船長以下乗組員其他船主ノ雇入ニ係ル者ノ給料食料等
一切ノ経費

一、其他第九條ニ定メサル一切ノ経費

第十一條　傭船者ニ於テ本船使用上特種ノ設備ヲ要サントスル

ヨ-C022　B列5　28字×10　南満洲鐵道株式會社　(13.9.10,000 [illegible])

No.

トキハ船主ノ承諾ヲ要スルモノトス此場合ニ於テハ本船解傭ノ際其設備ヲ撤廃シテ旧状ニ復セシムヘキモノトス

前項ノ設備及ヒ撤廃ニ要スル費用ハ一切傭船者ノ負担トス

第十二條　第六條ニ依リ本船供用ノ際石炭庫及ニ残リアル石炭ハ傭船者之ヲ引受ケ本船解傭ノ際残リアル石炭ハ船主之ヲ引受ク但シ其代價ハ其時ノ相場ヲ以テ之ヲ計算スルモノトス

第十三條　本船修繕其他ノ事故ノ為メ碇泊時間四拾八時間以上ヲ要シタルトキハ傭船者ハ其碇泊日数ニ對スル傭船料ヲ引去リ仕払ヲ為スモノトス

前項ノ期間ハ傭船者ノ撰擇ヲ以テ第十二條ノ期間ニ算入シ若ク

ヨ-0022　B列5　28字×10　南満洲鐵道株式會社　(14.9. 10,000 …)

No.

ハ算入セサルコトヲ得

第十四條　檢疫消毒ニ關スル一切ノ費用及損害ハ傭船者ノ負担トス

前項ノ理由ニ依リ停船中ニ係ル傭船料ハ船主又ハ船長ノ雇入レタル乘組員ノ疫病ニ因リ本船カ檢疫、消毒ヲ命セラレ停船シタル場合ニ限リ傭船者ハ該停船日數ニ對スル傭船料ヲ引去リ支拂フモノトス但シ傭船者ニ於テ本船ヲ悪疫流行指定地ニ航行セシメタルトキハ此ノ限ニアラス

第十五條　本契約中本船ノ破損、沈没、坐礁、衝突、火災其他不可抗力ノ為メニ航海ヲ為スコト能ハサルトキハ本契約ハ終

No.

アスルモノトス此場合ニ船主ニ於テ前収シタル傭船料アルトキハ日割勘定ヲ以テ傭船者ニ返却スヘシ

前項ノ場合ニ於テ双方協議ノ上代船ヲ補充スル事アルヘシ該代船ニ對スル傭船料ハ本船ト同率トス

第十六條　船主ハ船長及乗組員ノ過失、懈怠又ハ本船カ航海ニ堪ヘサルニ因リテ生シタル損害ヲ賠償スル責アルモノトス又傭船者カ特ニ取扱人ヲ乗組マシメ貨物及ヒ旅客ノ取扱ヲ為サシムル場合ト雖モ船長ハ之ヲ補助スルノ義務アルモノトス

第十七條　傭船者カ貨物及ヒ旅客ノ取扱ヲ船主ニ委託スルトキハ傭船者ハ第一條ニ規定セル傭船料ノ外別ニ事務長事務員及

ヨ-0022　B列5　28字×10　南滿洲鐵道株式會社　(13. 9. 10,000)

No.

ヒ前方ノ給料手当賄料トシテ壹箇月金参百四拾九圓ヲ船主ニ支拂フヘシ此場合ニ於ケル支拂計算方ニ付テハ總テ傭船料ノ規定ニ準スルモノトス

第十八條　前條ニ依リ船主ニ於テ旅客ノ取扱ヲ受託シタルトキハ旅客用諸器物（壹貳等旅客用寝具ヲ含ム）ノ損料、料理人並ニ給仕ノ食料、給料、被服料、洗濯料ハ船主ノ負担トス但傭船者ハ旅客賄料トシテ實際ノ旅客人員ニ應シ左ノ割合ノ金額ヲ船主ニ支拂フヘシ

壹等　壹人壹日　金参圓六拾銭

貳等　壹人壹日　金貳圓五拾銭

No.

参等。壹人壹日。金四拾五銭

第十九條　船主及船長期他ノ乗組員ハ傭船者ノ承諾ヲ経スシテ一切郵便物貨物又ハ旅客ヲ搭載スル事ヲ得ス

第二十條　船主及船長ハ本船ノ船体汽機汽鑵及ヒ附属船具、器具、並ニ制規ノ海員ヲ常ニ完全具備セシメ旅客及ヒ貨物ノ安全ヲ保持スル責任アルモノトス

第二十一條　本船ノ進退ニ付テハ總テ傭船者ノ指図ニ従フモノトス故ニ船長ハ航海者ノ危険ナリト認ムル場所ノ外傭船者ノ指定シタル地ニ回航シ正当ナル理由アルトキノ外之ヲ拒ムコトヲ得ス

No.

第二十二條　船主ハ船長以下乗組員ヲシテ傭船者及ヒ其支店、出張所又ハ代理店ノ指図ニ従ハシメ毫モ不都合ノ所為ナカラシムヘシ

第二十三條　傭船者ハ船長以下乗組員中不適任ト認メタル者アルトキハ船主ニ其理由ヲ通知シ之ヲ更任セシムルコトヲ得

第二十四條　傭船者ノ責任ヲ負フヘキ者ノ過失、懈怠ニ因リ本船又ハ附属ノ機械器具等ニ損害ヲ與ヘタル場合ニ於テハ其都度直ニ船主又ハ船長ヨリ傭船者ニ其損害ノ状況ト損害ノ見積額トヲ通知シ傭船者ハ賠償ノ責ニ任スルモノトス

第二十五條　本契約ニ違背シ為メニ生シタル損害ハ總テ違約者

No.

ニ於テ賠償ノ責ニ任スヘシ

第二十六條 共同海損精算ノ場合ニハヨーク、アントワープ、ルールニ據ルヘシ

右條約ヲ契約シタルノ證トシテ本書貳通ヲ作リ双方記名捺印ノ上各其壹通ヲ保有スルモノ也

大正貳年五月四日

傭船者 南滿洲鐵道株式會社

總裁 中村是公 印

東京市麹町区有樂町壹丁目壹番地 日本郵船株式會社

船主 取締役社長男爵 近藤廉平 印

ヨ-C022 B列5 28字×10 南滿洲鐵道株式會社 (13. 9. 10,000 ...)

No.

傭船継續契約書

南満洲鐵道株式會社ト日本郵船株式會社トノ間ニ締結セル西京丸傭船契約ハ明治四拾四年五月参日ヲ以テ期限満了ノ處更ニ其翌日ヨリ向フ壹箇年間即チ明治四拾五年五月参日迄継續ス

右雙方協定契約ノ證トシテ本書貳通ヲ作リ各自署名捺印ノ上各其一通ヲ保有スルモノ也

明治四拾四年四月貳拾五日

大連市東公園町

南満洲鐵道株式會社

總裁　中村是公　印

ヲ-C022　B列5　28字×10　南満洲鐵道株式會社　(13. 9. 10,000 …)

No.

東京市麹町区有楽町壱丁目壱番地

（印）日本郵船株式會社

社長、近藤廉平（印）

ヨ-0022　B列5　28字×10　南満洲鐵道株式會社　(13. 9. 10,000)

No.

神戸丸西京丸傭船継続契約ノ件

日本郵船株式会社　田中理事殿

岩永省一宛

拝啓

七月十三日附ヲ以テ御送付之神戸丸西京丸ノ傭船継続契約書各弐通落手仕リ候依テ御来示ノ通リ調印ノ上各壹通御送附申上候間御査収相成度猶契約日附ハ本日付致置候間御了知相成度候

追テ神戸丸ニ對スル契約書ニハ傭船継続期間明記無之候へ共同船ハ最初客年八月九日ヨリ以テ御引渡ヲ受ケ候ニ付四十

ヨ-C022　B列5　28字×10　南満洲鐵道株式會社　(13. 9. 10,000)

No.

三年八月八日迄継続致候事ニ相成申候間為念申添候

一契約日付ハ発送日付トセラレタシ

一契約書各壱通ハ庶務課ニ於テ御保管、次ニ運輸課ニ取置シ

候

ヨ-0022　B列5　28字×10　南滿洲鐵道株式會社　(13. 9. 10,000 …)

No.

四拾二年七月十二日

日本郵船株式會社

岩永省一 ㊞

南満洲鐵道株式會社

田中清次郎殿

拝啓

先般御協定ヲ得候神戸丸、西京丸ノ傭船継續契約書各貳通作成、封中差出候間御調印ノ上當方保有ノ分御返送被成下度尚契約書日附ハ空白ニ致置候間貴方ノ御都合ニ依リ適宜御記入相願度此段得貴意候　敬具

ヲ-C022　B列5　28字×10　南満洲鐵道株式會社　(13. 9. 10,000 …)

No.

傭船継續契約書

南満洲鐵道株式會社ト日本郵船株式會社トノ間ニ締結セル明治四拾貳年四月貳拾日附西京丸傭船契約ハ期限満了ノ翌日ヨリ更ニ向フ七箇月間即チ明治四拾參年五月參日迄継續ス

右雙方協定契約ノ證トシテ本書貳通ヲ作リ各自署名捺印ノ上各其壹通ヲ保有スルモノ也

明治四拾貳年八月四日

東京市麹町區有楽町壹丁目壹番地

日本郵船株式會社

社長　近藤廉平　印

ヨ-0022　B列5　28字×10　南満洲鐵道株式會社　(13. 9. 10,000)

No.

南满洲鐵道株式會社

總裁　中村是公（印）

No.

西京丸

傭船契約

ヨ-0022 B列5 28字×10 南滿洲鐵道株式會社 (13. 9. 10,000 ……)

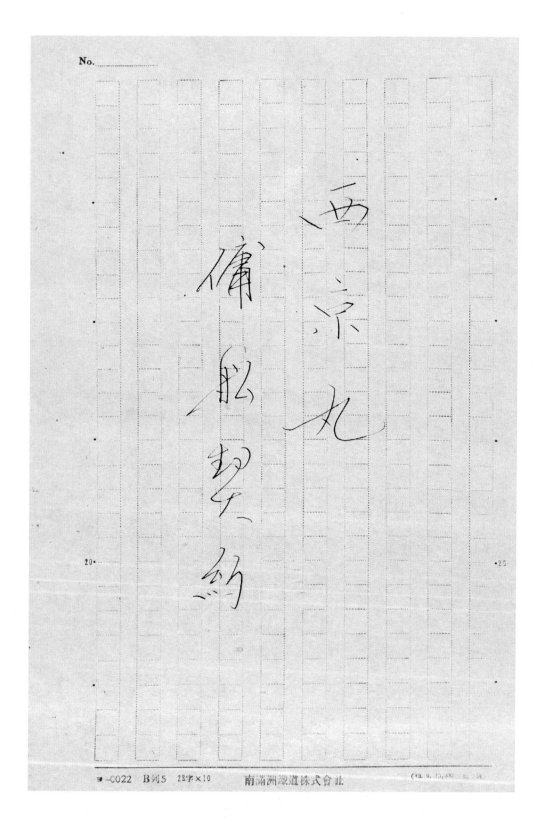

No.

傭船契約

今般船主日本郵船株式會社(以下單ニ船主ト称ス)ト南満洲鐵道株式會社(以下單ニ傭船者ト称ス)トノ間ニ左記汽船ニ付キ傭船契約ヲ結フコト左ノ如シ

一 汽船ノ名称及國籍　西京丸　日本

一 船籍港　東京市

一 船長ノ氏名　阿部松三郎

一 船質　鋼

一 甲板層数　参層

一 最大ノ長　参百貳拾尺壹寸五分　幅四拾尺参寸

No.

深拾八尺九寸貳分
一總噸数　貳千九百四噸四参
一登簿噸数　壹千六百四拾四噸六五
一公称馬力　参百八拾七馬力
一平均速力　拾貳海里貳
一石炭消費高　弐拾四時間付　約六拾噸
一石炭庫　四百拾壹噸
一ウヰンチノ数　貳台
一製造年月　明治貳拾壹年六月進水
一積荷高　重量壹千噸　容積壹千貳百噸

ヨ-0022　B列5　28字×10　南滿洲鐵道株式會社　(13. 9. 10,000)

No.

一乗客定員

壹等　参拾貳名　貳等　参拾四名

参等　貳百七拾名

一艙口数及寸法

第一艙口　八呎―八呎

第二艙口　拾六呎―拾呎

第三艙口　中甲板（左右ニアリ六呎六吋―四呎）

下甲板（左右ニアリ拾六呎―六呎）

及ヒ中甲板拾貳呎―拾呎

一艙門数及寸法　八箇

二個　四呎八吋五―参呎拾壱吋

二個　四呎九吋―参呎拾壱吋

二個　四呎九吋―四呎

二個　四呎―参呎六吋

第一條　傭船料ハ壹箇月金八千五百圓ノ割合トシ後拂ニテ壹箇月分ヲ貳回ニ分ケ半箇月毎ニ東京ニ於テ傭船者ヨリ船主若クハ其代理人ニ仕拂フヘシ

ヨ-0022　B列5　28字×10　南満洲鐵道株式會社　(13. 9. 10,000 [illegible])

No.

第二條　事故ノ何タルヲ問ハス本船壹週間以上航海ヲ為スコト能ハサルニ至リタルトキハ船主ハ傭船者ノ請求ニ依リ船舶ノ許ス限リニ於テ代船ヲ補充スヘシ
但シ代船ニ對スル傭船料ハ本船ト同率トス
第三條　本契約ノ期間ハ本船供用ノ日ヨリ向フ五箇月トシ満期ノ際本船航海中ナルトキハ其航海ヲ終ルマテ本契約ハ有効タルヘシ又航海ノ都合ニテ傭船者ハ満期前五日間ニ本船ヲ解傭スルコトヲ得此等ノ場合ニ於テハ傭船料ハ日割ヲ以テ計算スヘシ

第四條　傭船者ハ自己ノ都合ニ依リ満期壹箇月前ノ豫告ヲ以テ

ヨ-0022　B列5　28字×10　南満洲鐵道株式會社

No.

五箇月以内本契約ヲ継續スルコトヲ得

第五條　本船ノ航行區域ハ大連上海間トス此以外ノ航路ニ航行セシメントスルトキハ船主ノ承諾ヲ要スルモノトス

第六條　傭船者ハ本契約ノ條項ニ從ヒ前條ノ航行區域内ニ於テ自由ニ本船ヲ航行セシメ又ハ更ニ第三者ト傭船契約ヲ結フコトヲ得

第七條　船主ハ本船カ貨物及ヒ旅客ヲ搭載シテ航海ヲ為スニ適シ毫モ故障ナキモノナルコトヲ保證シ明治四拾貳年五月參日上海港ニ於テ本船ヲ傭船者ノ用ニ供スヘシ若シ引渡カ右日限ヨリ拾日間遅延スルトキハ傭船者ハ本契約ヲ解除スルコトヲ

No.

得

第八條　本契約カ満期其他ノ事由ニ因リ終了ニ至リタルトキハ

傭船者ハ上海若クハ大連港ニ於テ本船ヲ解傭スヘシ

第九條　傭船者ハ貨物及ヒ旅客取扱ノ為メ特ニ其使用人ヲ本船

ニ乗組マシムルコトヲ得

第十條　本船ノ經費中傭船者ノ負担ニ属スヘキ費目左ノ如シ

一本船焚料石炭及ヒ汽罐水

一貨物及ヒ旅客ニ関スル一切ノ経費

一出入港税、噸税、燈台料、水先料、及ヒ桟橋繫纜料

一傭船者ヨリ乗組マシメタル者ノ給料、食料、及ヒ其他ノ費

No.

用

一傭船者ノ為メニ使用スル通船料

第十一條　本船ノ經費中船主ノ負担ニ属スヘキ費目左ノ如シ

一船長以下乗組員其他船主ノ雇入ニ係ル者ノ給料、食料等一切ノ經費

一其他第十條ニ定メサル一切ノ經費

第十二條　傭船者ニ於テ本船使用上特種ノ設備ヲ為サントスルトキハ船主ノ承諾ヲ要スルモノトス、此場合ニ於テハ本船解傭ノ際其設備ヲ撤廢シテ旧状ニ復セシム(ヘキモノトス

前項ノ設備及ヒ撤廢ニ要スル費用ハ一切傭船者ノ負担トス

No.

第十三條　第七條ニ依リ本船供用ノ際石炭庫内ニ残リアル石炭ハ傭船者之ヲ引受ケ本船解傭ノ際残リアル石炭ハ船主之ヲ引受クヘシ但其代價ハ其時ノ相場ヲ以テ之ヲ計算スルモノトス

第十四條　本船検査、汽罐掃除、船体若クハ汽機汽罐ノ修繕又ハ船主ノ雇入レニ係ル乗組員ノ缺乏若クハ其過失悪意等ノ為メ本船ノ碇泊時間四拾八時間以上ヲ要シタルトキハ傭船者ハ其碇泊日数ニ對スル傭船料ヲ引去リ仕払ヲ為スヘキモノトス

前項ノ期間ハ傭船者ノ撰擇ヲ以テ第三條ノ期間内ニ算入シ若クハ算入セサルコトヲ得

第十五條　檢疫

ヌ-0022　B列5　28字×10　南滿洲鐵道株式會社　(13. 9. 10,000)

No.

第十五條　検疫、消毒ニ関スル一切ノ費用及損害ハ傭船者ノ負担トス

前項ノ理由ニ依リ停船中ニ係ル傭船料ハ船主又ハ船長ノ雇入レタル乗組員ノ疫病ニ因リ本船カ検疫、消毒ヲ命セラレ停船シタル場合ニ限リ、傭船者ハ該停船日数ニ對スル傭船料ヲ引去リ仕払フモノトス但シ傭船者ニ於テ本船ヲ悪疫流行指定地ニ航行セシメタルトキハ此限ニアラス

第十六條　本契約中本船ノ破損、沈没、坐礁、衝突、火災其他不可抗力ノ為メニ航海ヲ為スコト能ハス又此場合ニ於テ代船ヲ補充スルコト能ハサルトキハ本契約ハ終了スルモノトス此

No.

場合ニ船主ニ於テ前收シタル傭船料アルトキハ日割勘定ヲ以テ傭船者ニ返却スヘシ

第十七條　船主ハ船長及乘組員ノ過失、懈怠、又ハ本船ガ航海ニ堪ヘサルニ因リテ生シタル損害ヲ賠償スル責アルモノトス又傭船者ガ特ニ取扱人ヲ乘組マシメ貨物及ヒ旅客ノ取扱ヲ為サシムル場合ト雖モ船長ハ之ヲ補助スルノ義務アルモノトス

第十八條　傭船者ガ貨物及ヒ旅客ノ取扱ヲ船主ニ委託スルトキハ傭船者ハ第一條ニ規定セル傭船料ノ外別ニ事務長事務員及ヒ~~[illegible]~~荷物方ノ給料手當補料トシテ壹箇月金参百四拾九圓ヲ船主ニ支拂フヘシ此場合ニ於ケル支拂計算

No.

方ニ付テハ總テ傭船料ノ規定ニ準スルモノトス

第十九條　前條ニ依リ船主ニ於テ旅客ノ取扱ヲ受託シタルトキ
ハ旅客用諸器物壹貳等旅客用寝具ヲ含ムノ損料、料理人並ニ
給仕ノ食料、給料、被服料、洗濯料ハ船主ノ負担トス但傭船者ハ旅
客賄料トシテ實際ノ旅客人員ニ應シ左ノ割合ノ金額ヲ船主ニ
支拂フヘシ

壹等　壹人壹日　金参円六拾銭

貳等　壹人壹日　金貳円五拾銭

参等　壹人壹日　金四拾五銭

第二十條　船主及ヒ船長其他ノ乗組員ハ傭船者ノ承諾ヲ經スシ

ヨ-0022　B列5　28字×10　南滿洲鐵道株式會社

No.

テ一切郵便物貨物又ハ旅客ヲ搭載スルコトヲ得ス
第二十一條　船主及ヒ船長ハ本船ノ船体、汽機、汽罐及ヒ附属
船具、器具並ニ制規ノ海員ハ常ニ完全具備ナラシメ旅客及ヒ
貨物ノ安全ヲ保持スル責任アルモノトス
第二十二條　本船ノ進退ニ付テハ總テ傭船者ノ指図ニ従フモノ
トス故ニ船長ハ航海者ノ危険ナリト認ムル場所ノ外傭船者ノ
指定シタル地ニ回航シ正当ナル理由アルトキノ外之ヲ拒ムコ
トヲ得ス
第二十三條　船主ハ船長以下乗組員ヲシテ傭船者及ヒ其支店、
出張所、又ハ代理店ノ指図ニ従ハシメ毫モ不都合ノ所為ナカ

No.

ラシムヘシ

第二十四條　傭船者ハ船長以下乗組員中不適任ト認メタル者アルトキハ船主ニ其理由ヲ通知シ之ヲ更迭セシムルコトヲ得

第二十五條　傭船者ノ責任ヲ負フヘキ者ノ過失、懈怠ニ因リ本船又ハ機械器具等ニ損害ヲ與ヘタル場合ニ於テハ其都度直ニ船主又ハ船長ヨリ傭船者ニ其損害ノ状況ト損害ノ見積額トヲ通知シ傭船者ハ賠償ノ責ニ任スルモノトス

第二十六條　本契約ニ違背シ為メニ生シタル損害ハ總テ違約者ニ於テ賠償ノ責ニ任スヘシ

第二十七條　共同海損精算ノ場合ニハ「ヨーク、アントワープ」規則

ヲ-C022　B列5　28字×10　南滿洲鐵道株式會社　(13. 9. 10,000)

No.

ニ據ルヘシ

右ノ條々ヲ契約シタルノ證トシテ本書貳通ヲ作リ双方記名捺印ノ上各其壹通ヲ保有スルモノ也

明治四拾貳年四月貳拾日

傭船者　南満洲鐵道株式會社

總裁　中村是公　印

東京市麹町区有楽町壹丁目壹番地

船主　日本郵船株式會社

取締役社長　近藤廉平　印

ヲ-0022　B列5　28字×10　南満洲鐵道株式會社　(13. 9. 10,000 …)

西京丸傭船継続ノ件（大正二年五月）

発信者名	東京 田中理事
受信者名	副総裁
発着時間	大正二年五月三日午後三時着

西京丸傭船契約ノ第二條ハ代船補充ノ條項ヲ削除シ前回通リノ傭船料ニテ継続ノコトニ極メタリ

No.

大正二年五月三日　東京

田中清次郎

大連本社
國澤副總裁殿
犬塚理事殿

西京丸庸船契約繼續の事に付きて郵船と數々交渉を重ね最初林民雄氏と話合條節は左程たる困難なかるべしと思込みきり候所下僚の方に種々異論起り候模樣にて話も行悩み此内林君は関西に出張中談判も杜絶契約期限間際になりて終此交渉の必要生じ何とも申譯なき次第に御坐候郵船にて実際山城丸や横濱を引出しして上海航路ニ充用し一邊臺卸したる山口丸を一万三千圓も

出志以て雇入れ是亦上海航路に使用志をるが如き始末にて西京神
戸の如き市場に出志て果志て八千五百圓の價値あるや否やは問
題と志て此際代船補充の義務迄負はせらるは堪へがたしとて切
に此条項の削除を迫り尚少くも九千五百圓迄は雇船料増加あり
たしとの請求ありしも遂に雇船料は元の如く八千五百圓にて此
二條の代船補充の条項を削除志此他總て前回通りの條件にて雇
継の事取極め申候間左様御承知被下度代船補充の事は実際に於
て随分困り可申と存候得共榊丸も七月中には竣工可致すれば
三艘にて必ずしも一週三回の汽車に接續せ志むる必要もなかる
少くともペテルブルグ発の汽車ノ接續は多少不完全にても差當不都合なかるべく
べく然らば一艘に修繕此他の故障ありて休航せ志むるも他の二

No.

艘を繰合せてモスコウ発列車の接續に間を欠く事は已む間敷と相考へ候まゝ右の通り御取極候次第御了承可被下

草々

ヨ-0022　B列5　28字×10　南満洲鐵道株式會社　(13. 9. 10,000冊 鮎川納)

No.

（48）

大連上海航路開始ノ件（明治四十二年）

定期航路開始届

第一案

一、船名　日本郵船會社々船神戸丸

一、航路始終点地　大連、上海間

一、航海月日　八月十日頃初航ノ見込

一、航路　往復直航

一、航海度数　毎週一往復ノ見込

一、航海時間　片路約四十五時間

一、碇泊時間　大連約一晝夜
上海約二晝夜

一、発着地　大連埠頭
上海米租界郵船會社埠頭（元マクベー二埠頭）

No.

一、乗客賃金

片路

一等金四十円

二等金廿五円

三等金拾円

一、仝

往復

一等金六拾四円

二等金四拾円

一、軍人、外交官及布教師ハ片路ニ限リ一割五分引

一、貨物運賃表ハ目下調製中

一、船長　肥後慶次郎

一、上海荷客取扱店ハ日本郵船会社上海支店ヲ代理店トス

右定期航路開始致候間此段御届仕候也

ヨ-0022　B列5　28字×10　南滿洲鐵道株式會社　(13. 9. 10,000)

No.

明治四十一年八月七日

南满洲铁道会社总裁 (株式)(会) 名

关东都督宛

No.

明治四十一年八月八日起案

神戸丸大連上海間航海開始ノ儀電報ノ件案

南満洲鉄道会社

逓信省通信局

本月十日大連上海間ノ航海ヲ開始ス

ヲ-C022　B列5　28字×10　南満洲鐵道株式會社　(13. 9. 10,000　[illegible])

No.

西京丸解約ニ付補償ノ件

大正二年八月十三日

田中理事殿　　岡本芳之郎

拝啓 酷暑ノ候益御清穆ノ段奉賀候 陳者神戸丸解傭ノ件ハ既往数回ノ電報ニテ委細御承知ノ如ク案外ニ行難候處本日林氏来社ノ上申スニハ元来両船共既ニ昨年各五百円宛傭船料ヲ引上ゲ度シト永井ヨリ申出テタレトモ其際ハ自分限リニテ之レヲ制シ置キ候處本年西京丸傭継ノ際ハ是非値上ノ必要アリト仝人主張シ九千五百円ヲ要求シタリシニ田中代ヨリ両船共此先長ク傭ヒ継ク訳ナレハ是非八千五百円ニテ我慢セヨト強ヒラレ不得止之レニ應シタル次第ニテ其際ヨリ当方ニテハ神戸ハ傭継カルルモノトミテ

No.

船繰ヲ為シ二三ケ月前ニ他ヨリ船舶買受ノ申込アリ其際両船ヲ之レニ振向ケ得ヘカリシニモ拘ラス貴方ニ貸付ケアル積リ故其機会ヲ逸シタル位ニテ今更俄カニ解傭サルヽトキハ荷船ト違ヒ直チニ他ニ振リ向ケヘキ工夫モナク当方ノ迷惑ハ多大ナレトモ貴方ニ於テモ入用ナキ船ヲ強ヒテ一ケ年間傭継カシムルモ不本意ナレハ本年末マテ傭継キ其間ニ他ノ利用方法ヲ考案シ可成速カニ貴方ノ厄介ニナラサル様工夫スル考ナリシモ達ツテ貴方ニ於テ御不都合トアレハ無条件ニテ引取ヲ承諾スヘシ之レニ對シテ貴方ヨリ其損害ヲ賠償スヘケレハ其金額ヲ申出セトノ要求アル由ナレトモ多年特別ノ関係ヲ維持シ来リタル両会社ノ間

ヨ-3022　B列5　28字×10　南滿洲鐵道株式會社　(19.9.10,000)

No.

柄ニモアリ郵船ノ如キ大會社ノ体面上之ヲ口ニスルヲ欲セス全然無条件解傭ノコトニ致シ度シト申出テ候ヘハ林代カ會社ヲ代表シテノ表面上ノ挨拶ニシテ永井氏ノ申スニハ昨日ノ會社重役會ニテハ満鉄ニテモ何トカシテ解傭ニ伴フ金銭上ノ損害ヲ償ハントスル好意アルコトナレハ會社ニテモ其好意ニ対シ奇麗ニ無条件解傭ヲ承諾シタル由ニ御座候右ニ付キ總裁ノ御命ニ依リ小生ヨリ永井氏ニ対シ會社重役ニ於テモ貴方ノ御好意ハ難有御受スルトコロナレトモ然レトモ此儘ニ抛擲シ得ヘキ問題ニモアラサレハ何トカ貴方ノ御損害ヲ償フノ方法ヲ講セサルヘカラス就キテハ同船ヲ他ニ利用スルノ途アルヤ否ヤ有ルトシテ幾許ノ

ヨ-1022　B列5　28字×10　南満洲鐵道株式會社　(13. 9. 10,000)

No.

損失アリヤ又ハ全然繋船スルトシテ幾許ノ損失アリヤ至急取調ヘ呉レ度シ其調ニ基キテ後仕末ノ方法ヲ立案シ重役ニモ御相談シ度シト申込候更ニ外ニ一案モ考究中ナリ全然繋船スルトスレハ八千五百円ノ傭船料ヲ失ヒ之レニ対シテ約千五百円位ノ支出ヲ節約シ得ルトシテ月七千円位ハ損失トナルヘキカト考ヘレトモ繋船スルトスレハ保険ハ不必要ナルヤモ知レス兎ニ角此方モ取調ヘ置クヘシト承諾シ呉レ申候尚ホ帰社後電話ニテ両者ノ取調ヲ急キ呉ルヽ様重ネテ依頼致置候ヘハ不日否ノ返事可有之候右問題ノ解決方法トシテ清野理事ノ御意見ニ依レハ西京丸ノ傭船料低減ヲ神戸丸ノ傭継ニ関聯スルモノトスレハ五月ニ遡リテ西京丸ノ傭

ヨ-3022　B列5　28字×10　南満洲鐵道株式會社　(13. 9. 10,000冊 [illegible])

No.

船料ヲ引上クルコトヽセハ可ナラスヤトノ一案之レアリ候今月千円増トシテ一ケ年分一万二千円ヲ支給スルコト、併シ全艘繋船スルモノトシテ前記ノ計算ニ依レハ本年末マテ五ケ月間ノ累計三万五千円トナリ此間ノ差額巨額ニ達シ申候之ニ就キテ総裁ハ兎ニ角永井氏ノ取調報告ヲ待チテ貴方トモ御相談ノ上御決定ノ御心組ナルモ結局繋船スルモノトスレハ最長期ヲ本年末マテトナシテ先方ノ損失ヲ償ヒ其期間内ニ同船ノ利用方法ヲ講シ貰フヨリ外致方ナカルヘキカト御決心被成居候様見受ラレ申候右ハ御含マテニ御内報申上候終リニ前段解傭船ヲ神戸丸ト云ヒ之レニ関聯シテ返還スヘキ船舶モ神戸丸ノ如ク記述致候ヘ共之レ

ヨ-3022　B列5　28字×10　南滿洲鐵道株式會社　(13. 9. 10,000　鮎川納)

No.

ハ記事ノ混雑ヲ避クル為メ故意ニ申上候次第ニ有之郵船トハ神戸丸ヲ解傭シ西京丸ト取代ヘ此先使用スルコトニ付キテ協議整ヒ居候本日会社ヨリ西京丸ニ向ヒ就航解除ノ旨打電シタル由ニ御坐候為念申添候

敬具

ヨ-6022　B列5　28字×10　南滿洲鐵道株式會社

No.

大正二年九月三日

島安芳三郎（印）

田中理事殿

拝啓秋冷相催シ候処益々御清穆ノ段奉賀候新株募集ハ意外ノ故障ヲ生シ候同様之時ハ大心配致候ヘ共昨日迄ノ払込ハ三百三十四万二千余円（総額引受及各重役引受ノ分ヲモ含ム）ニ達シ申候申込証書無効ノモノ弐千七百五十四株及申込証書完全ナルニ拘ラス申込ヲ取消シ来リタル者千七百九十株有之候前者ニ対シテハ払込ヲ強ユルノ権利我ニ無ケレハ大部分ハ未払ニ終ハリ可申後者ハ当然払込ノ義務アルモノナレトモ之レ亦タ大多数ハ払込ム

ヨ－022　B列5　28字×10　南滿洲鐵道株式會社　（13. 9. 10,000 [illegible]）

No.

ツカ敷カルヘキヤヤト存候何分ニモ増配當案ノ一日モ早ク通過ス
ル様祈リ居申候
扨テ郵船ニ対シ神戸丸解雇ノ結末賠償スヘキ金額ニ付キテハ先
便申上候如ク永井氏ニ依頼シ先方ノ実際受クル損害額ヲ知リタ
ル上ニテ此方ノ方針ヲ定ムル考案ニ有之候更兎角永井氏明言ヲ
避ケ確答不致昨日最後ノ懇談ヲ試候更林氏ハ彼ノ如キ性質故何
レ満鉄ニ於テ相當ノ申出アルヘケレハ我方ヨリハ何等ノ確定申
出ヲ為スヘカラスト申居レトモ西京丸ハ「スクル」上ヲ取替ヘ臨時
渤海航路ニ編入就役セシムルコトニ為シタリ當分ハ不成績ナル
ヘキモ行々ハ損害モ減少スヘキ見込ナリ當分ハ三千円位何

No.

トシテモ詳細ナル數字ヲ告ケス月々ノ損害ヲ免レサルヘシ尚
出撃船スルトスレハ四五千円ノ損害ナルヘキモ之レハ會社ノ便
宜上ヨリスルモ面白カラサレハ為サザルコトトセリト申候右ノ
旨總裁ヘ上申致置キ候ニ付キ何レ總裁御歸着御相談可有之存候
可然御協議願上候右内報申上候也

No.

二一九二二

東京

岡田芳之郎

三日付文児タ西京丸ノ件ハ八月ヨリ五ケ月间毎月三千円ノ割ニテ郵船ニ支払フコトニ極メタ其事ニ取計アレ

田中

十二日午前十一時四十分発信

ヨ-2022　B列5　23字×10　南滿洲鐵道株式會社　(13. 9. 10,000)

No.

発信者名	清野	受信者名	田中理事	発信日	大正二年九月二十二日　発着

郵船ノ件株来タリ一万五千円ヲ受入ルヽコトハ会社ニ於テ義理上困ルニ付御考アリタシトノコトナリ就テハ右金額ヲ西京ノ傭傭中ニ加ヘ結末ヲ付ケ度尤モ右ノ傭料ハ現在ノ期間ニ限リ次ノ例トセヌコト勿論ナリ

ヨ－0022　B列5　28字×10　南満洲鐵道株式會社

No.

(50)

西京丸遭難ニ関スル件 ハ

華文内第三〇號

明治四十五年四月二十二日 南満洲鉄道株式会社

埠頭事務所長 橋崎猪太郎 (印)

重役

御中

汽船西京丸遭難之件

西京丸上海行途中昨夜八時半山東角「アルセスト」島附近ニ坐礁シ船客郵便物ハ無事陸揚ケタル旨無線電報アリタリ依テ當時碇泊中ノ獨逸汽船西江《シーキヤン》号船長ニ交渉シ芝罘行ヲ変更シ今朝八時頃遭難地着之予定ニテ当所員木梨銭太郎乗組ミ午後十時出帆セリ救

ヨ-0022 B列5 28字×10 南満洲鐵道株式會社 (13. 9. 10,000 冊 鮎川納)

No.

助用トシテ内島丸、帽島丸ノ二隻ニ川崎造船所技師職工三十名其ノ外人夫五十名出帆用意ヲ整ヘタリ然ルニ昨夜十一時四十五分西京丸儀ニテ船体浮揚リ先ニ陸揚シタル船客郵便物ヲ船内ニ收容ス曳船必要ナシ独航大連ニ帰ルトノ無線電信ニ接セリ故ニ救助用曳船出帆ヲ見合セタリ依テ直ニ船客郵便物ヲ上海行ノ西江号ニ積換シタル後大連ニ帰航スベキ旨西京丸船長ニ指図セリ、是ヨリ先キ本件ニ関シ海務局長ヨリ昨夜十一時最近ノ位置ニ在ル遭難地迄約二十五浬威海衛港長ニ山東角アルセスト島ニ遭難セル西京丸救助依頼之電報ヲ発シタリ然ルニ同地ニテハ夜間ノ電報配達ヲ為サザルトノ事ニテ留置中本船浮揚ノ電報ニ接シ

ヨ—3022 B列5 28字×10 南満洲鐵道株式會社 (13.9.10,000冊 鮎川納)

No.

タルヲ以テ右配達方ヲ差止メタリ又西江号ハ遭難地急行ニ付予定ノ芝罘延着ノ事ヲ今地代理店ニ通知アリ度キ旨海務局長ヨリ昨夜十時五十分相棚副領事ニ出電依頼セリ右ハ夜中営業代理店ニ通知スルノ機会ナク在芝罘関係者ノ延着ニ干スル心配ヲ避ケシメンガ為メナリ。

二十二日午前十時半西京丸発ニテ九時四十分船客郵便物ハ西江号ニ積移シ独航シテ大連ニ帰航ノ途ニ就キ貨物無事ナル旨電報アリタリ依テ右ノ趣海務局長ヨリ相棚副領事ニ直ニ電報セリ

本件ノ情況ニ就テハ郵船東京本社及上海代理店ニ電報シ尚代船之件ニ関シテハ上海代理店ト「アーノルドカーバーク」ト打合セ可

No.

致当措置セリ

本船ハ今晩入港ノ予定ニ付明朝入渠準備之為メ目下入渠中ノ南嶺丸及救難船ハ今日中ニ出渠セシムル如ク川崎造船所ト交渉済ミナリ、

海務局ヨリ民政部ヘハ一通リ報告セリ

右不取敢及御報告候

拝具

ヨ-0022　B列5　28字×10　南満洲鐵道株式會社　(12. 9. 10,000冊 鮎川納)

No.

神戸丸傭船継続並ニ解約ノ件

支文第五一七號

大正二年七月廿九日

岡本芳二郎 ㊞

田中理事殿

神戸丸傭船契約来八月八日ヲ以テ満期ト相成候ニ付キ曩ニ改正シタル北京丸傭船契約ト同一ノ条件ニテ向一ケ年間契約ヲ更新シ度キ旨郵船會社ヨリ貴職宛通牒有之候御同意ノ義トハ存候ヘ共念ノ為御伺ヒ申上候ニ付キ契約支ナシト返電御願上候

ヨ-0022　B列5　28字×10　南滿洲鐵道株式會社　(13. 6. 10,000冊 鮎川納)

No.

発信者名	受信者名	発着時分
岡本芳之郎	田中理事	大正二年八月五日午後〇時〇分着

郵船ハ神戸丸ノ解傭ヲ申込ミニ其レハ案外ナレハ再考セヨトノ返アリ当方ヨリハ二回更ニ解傭ヲ承知サレタシ之ニ対シ何カ要求アレバ提案シ呉レヨト云ヒ置キシモ未ダ返ナシ

No.

明治二年八月八日発送　田中理事

東京　岡本宛

電見神戸ノ代リニ西京ヲ十三日此地ニテ解傭ノコト此総裁ノ願ヒタルニ付郵船ヘハ右ノ積ニテ交渉セラレ居ルコトト信ズ是非承諾アル様懇篤相談アリタシ尚日取切迫船操廣告等色々都合アリ大至急運ブ様頼ム

ヨ-0022　B列5　28字×10　南満洲鐵道株式會社　(13. 9. 10,000冊 結川納)

発信者名	関本
受信者名	田中理事
発着時間	大正二年八月十日　午後十時半発　午後七時四十五分着

西京丸傭継ノ際神戸モ長ク傭フト貴殿云ハレタリトテ郵船ハ神戸ノ解約ヲ承知セズ押問答ノ末今年末マデ傭継呉レタシト云フ故当方ヨリハ兎ニ角此ノ際解傭シタケレバマゲテモ承知シ呉レタシ其ノ為メ相当ノ賠償ハ為シテモ好シト昨日又申込ミ未ダ答ヘ無シ明日催促シテ否ヤ知ラス、

定期検査神戸ハ来春西京ハ再来年ノ好シ其レデモ神戸ヲ西京ト備換ヘベキヤ、

No.

大正二年八月七日　起案

〃　決議

〃　発送

電報案

田中理事

清野理事宛

岡本氏ヨリノ電見タ西京丸雇継ノ際神戸モ永ク雇フト約束シタル

コトナシ此事郵船ニ断言セラレタシ尚假令其際小生ノ云ヒ様ニ

テ神戸モ使用スル積リナリト郵船ニテ了解シ居タリトテ当社ノ

都合ニテ解約スルコト毫モ差支ナシ之カ西京丸雇継ノ條件トハ

ヨ-0022　B列5　28字×10　南満洲鐵道株式會社　(13. 9. 10,000)

No.

ナリ居ラザリシコト先方ニテモ承知ノ筈○又小生一個人トシテハ三艘ニテ上海航路継續ノ意見ナリシモ少数ニテ否決サレタル事情ハ總裁ヨリ御聞取ノ上郵船ヘ話サル、モ差支ナカラン○尚總裁ハ御相談ノ上榊丸船員周旋方等ノ爲メ郵船ニ對シ気ノ毒ノ事情モアレハ先方申出ノ通リ今年一杯位ノ雇継ハ支ナキト小生ハ思フ、

ヨ-0022　B列5　28字×10　南滿洲鐵道株式會社　(13. 9. 10,000冊 [illegible])

No.

大正二年八月十二日　起案
〃　発送　午後三時十五分発信

田中理事

清野理事

東京支社

郵船トノ交渉ニ関シ七日小生ヨリノ電見ラレシヤ其後ノ経過如何西京丸モ昨日入港船繰都合差迫リ困却甚シ若シ強テ不承知ヲ唱フル様ナラバ断然解約ノ通知ヲ発スル外ナシト思フ総裁トモ御相談ノ上大至急始末付ク様御配慮願フ、

ヨ-0022　B列5　28字×10　南満洲鐵道株式會社　(13. 9. 10,000冊 鮎川納)

No.

発信者名	受信者名	発着時間
東京 國澤	田中理事	大正二年八月十二日午後四時四十分着

神戸ヲ解纜シ西京丸ト取換ノ件貴電ノ通リ郵船承諾シタ、

ヨ-3022　B列5　28字×10　南滿洲鐵道株式會社　(13. 9. 10,000

No.

大正二年八月十五日

起案

發送

午後四時二十分發済

庶務課長

東京支社

清野理事

西京丸ハ今当地郵船代理店ト引継手續済ム

ヨ-0022　B列5　28字×10　南満洲鐵道株式會社　(13. 9. 10,000

No.

(52)

櫻丸ニ關スル帝國海事協會トノ契約

覺書

義勇艦第三船建造費其他概算左ノ如シ

一金百弐拾参萬五千五百圓也　株式會社川崎造船所造船契約代價

一金壹萬弐千圓也　造船監督費概算

一金参萬五千圓也　造船中増工事費概算

一金四千百圓也　船舶登記登録税概算

計金百弐拾八萬六千六百圓也

右之通候也

明治四拾四年七月七日

帝國海事協會

ヨ-0022　B列5　25字×10　南滿洲鐵道株式會社　(15.8.10,000 …)

No.

帝國義勇艦第三船建造ニ関スル契約書

南満洲鐵道株式會社總裁中村是公ヲ甲トシ帝國海事協會理事長男爵有地品之允ヲ乙トシ双方ノ間ニ契約スルコト左ノ如シ

第壹條　甲ハ帝國義勇艦第三船ヲ別紙貸借契約書ノ條件ヲ以テ借入レ使用スルタメ乙カ該船ノ建造ニ着手スルコトヲ約諾ス

第貳條　乙ハ前記ノ第三船落成ノ上ハ別紙貸借契約書ノ條件ヲ以テ該船ヲ甲ニ貸渡スコトヲ約ス

第參條　甲ハ前記第三船建造ノ費用中乙ノ出資金額八拾萬圓ヲ超ユル部分ニ付キ其出資ヲ為スコトヲ約諾ス

第四條　前記第三船ノ所有權ハ帝國海事協會ニ専属ス

No.

第五條　甲ノ為シタル出資金ハ乙ニ對スル債權トス但其債權ノ效力及其消滅ハ別紙貸借契約書ニ定ムル所ニ依ルモノトス

第六條　甲乙孰レカ一方カ本契約ヲ履行セサルトキハ因テ生シタル損害ハ其違背者ニ於テ之カ賠償ノ責ヲ負フヘキモノトス

右契約ノ證トシテ本書貳通ヲ作成シテ當事者ノ双方各壹通ヲ保持スルモノナリ

明治四拾四年六月貳拾参日

南滿洲鐵道株式會社總裁　中村是公　（印）

帝國海事協會理事長男爵　有地品之允　（印）

ヨ-0022　B列5　28字×10　南滿洲鐵道株式會社

No.

帝國義勇艦さかき丸貸借契約書

南滿洲鐵道株式會社總裁中村是公ヲ甲トシ帝國海事協會理事長男爵有地品之允ヲ乙トシ双方ノ間ニ契約スルコト左ノ如シ

第壹條　乙ハ別紙附錄第壹號ヨリ第貳號及圖面第「船体壹 機関壹」號ヨリ第船体七拾 機関五拾四號ニ明記シタル帝國義勇艦さかき丸ヲ甲ニ於テ要スル航海ニ從事セシムル為ヌ使用スルコトヲ約諾ス

第貳條　本契約期間ハ大正貳年八月参日ヨリ向フ貳拾個年トス

第参條　本船ノ建造費ハ金　　円トス但此內金　　円ハ甲ノ出資ニシテ金八拾四万円ハ乙ノ出資トス

第四條　本契約期間ニ對スル本船ノ賃借料ヲ壹箇年金四萬円（

ヨ-C022　B列5　23字×10　南滿洲鐵道株式會社　(13. 9. 15,000 ...)

No.

乙ノ出資額金八拾萬圓ノ貳拾壹分壹ト定メ月割計算ヲ以テ前月分ヲ其月拾五日迄ニ毎月甲ヨリ乙ニ支拂フモノトス但壹個月ニ満タサル端数ヲ生シタルトキハ其日数ニ應シ日割計算ヲ以テ之ヲ支拂フモノトス

前項貸借料ノ支拂ハ甲カ本船ノ引渡ヲ受ケタル日ヨリ起算シ乙ニ其返還ヲ為シタル日マテ算入ス但第四拾條第參項但書ノ場合ニ於テハ其修復期間ヲ算入セス

第五條　本契約期間中左記ノ費目ハ甲ノ負擔トス

一、船員ノ給料、食料各種ノ手當並ニ商法第五百七拾八條ノ場合ニ於ケル費用

ヲ-0022　B列5　28字×10　南満洲鐵道株式會社　(13.9.15,000)

No.

二、石炭、油、糸屑、淡水其他一切ノ消耗品ノ費用
三、法令ノ規定又ハ保険契約ニ基ク船舶並ニ属具ノ検査ニ要
スル費用
四、甲ニ於テ本舩使用ノ目的ノ為メニ必要ト認メタル大小ノ
修繕費及入渠ノ費用
五、航海及入港出港又ハ碇泊中ニ要スル一切ノ諸掛、救助費
共同海損其他ノ船舶債務
六、舩税其他船舶ノ負擔スヘキ一切ノ租税、賦課及手数料
七、海上保険料
第六条　甲ハ本舩及属具ニ付乙ヲ被保険者トシ自ラ保険契約者

ロ-0022　B列5　28字×10　南滿洲鐵道株式會社　(13. 9. 10,000 ...)

No.

トナリテ乙ノ承認シタル保険者ト海上保険契約ヲ締結スヘキモノトス

前項ノ場合ニ於テ本船及属具ニ對スル保険金額ハ乙ノ出資額ニ止ムルコトヲ得但本契約次年度以降ハ乙ノ出資額ヨリ毎年既ニ支拂ヒタル貸借料ヲ控除シタル金額ニ止ムルモ妨ケナシ

甲カ海上保険ニ付セスシテ之ニ代ハルヘキ他ノ賠償方法ニ依ラントスルトキハ乙ノ承諾ヲ経ルコトヲ要ス

第七條　本契約期間中本船並ニ属具ノ受ケタル損害ニシテ保険者カ填補セサルモノアルトキハ其損害カ全損ナリシ場合ト分損ナリシ場合トヲ問ハス其填補セサリシ部分ハ甲ニ於テ之ヲ補

No.

償スルノ義務アルモノトス但第拾貳條第壹項ノ規定ニ依リ甲
カ自ラ修繕又ハ補充ヲ為シタルトキハ此ノ限リニ在ラス
前項ノ規定ニ依リ甲ニ於テ賠償スヘキ金額ハ第參條ニ掲クル
乙ノ出資額ヨリ本船ノ賃借料トシテ甲カ既ニ支拂ヒタル額ヲ
控除シタル残額ヲ以テ限度トス
第八條　船員ノ任命及監督ハ甲ニ於テ之ヲ行フヘク其船員ノ故
意又ハ過失ニ依リ乙及第三者ニ加ヘタル損害ハ甲ニ於テ之ヲ
賠償スルノ義務アルモノトス
第九條　左ニ掲クル場合ニ於テハ甲ハ損害賠償トシテ第參條ニ
掲クル乙ノ出資額ヨリ既ニ本船ノ賃借料トシテ支拂ヒタル額

ヨ-0022　B列5　28字×10　南満洲鐵道株式會社　(13. 9. 10,000)

No.

ヲ控除シタル残額ヲ乙ニ支拂フヘシ但保險金ノ支拂ヲ受ケタル場合ニハ其金額ヲ控除シタル額ヲ支拂フモノトス

一、甲カ商法第五百四拾四條ノ規定ニ因リ本船ヲ委付シタルトキ

二、甲又ハ甲ノ乗組マシメタル船員ノ故意又ハ過失ニ因リ本船ヲ全損ニ歸セシメタルトキ

第拾條　本契約期間中本船ノ航海ニ関シ生シタル事故ニ付第三者ヨリ乙ニ對シ訴訟其他ノ紛議ヲ生シタルトキハ之カ為ニ支出シタル必要ノ費用ハ甲ニ於テ負擔スヘキモノトス乙カ甲ノ同意ヲ得テ第三者ニ對シテ為シタル行為ニ就テモ亦同シ

ヨ-0022　B列5　28字×10　南滿洲鐵道株式會社

No.

前項ノ場合ニ於テ乙カ第三者ニ對シ損害賠償ノ義務ヲ負擔シタルトキハ甲ニ對シテ求償ヲ為スノ權利ヲ有ス但甲ノ同意ヲ得タル場合ヲ除クノ外適當ナル處置ヲ盡サヽリシトキハ此ノ限ニ在ラス

第拾壹條　本船ノ運行并ニ旅客貨物ノ運送ニ必要ナル船及備品ハ食器及寢具ヲ除クノ外乙ニ於テ豫メ本船ニ備付クヘキモノトス

第拾貳條　甲ニ於テ本船ノ使用上船体、汽機、汽罐並ニ屬具又ハ備品ニ損傷ヲ生セシメ若クハ滅失セシメタルトキハ甲ハ自己ノ費用ヲ以テ修繕又ハ補充ヲ為スノ責ニ任ス但本契約解除ノト

ヨ-0022　B列5　28字×10　南滿洲鐵道株式會社　(13. 9. 10,000 …)

No.

キニ於ケル年数ノ経過及使用ノ結果トシテ自然ニ生シタル船体、汽機、汽罐属具其他一切ノ附属具ノ老朽、衰弱及磨損ハ此ノ限ニアラス

前項ノ場合ニ於テ其損傷又ハ滅失カ保険者ノ塡補スヘキモノナルトキ又ハ第三者ニ於テ賠償スヘキモノナルトキハ乙ノ受ケタル保険金額又ハ賠償金額ノ限度ニ於テ甲ハ其支出シタル費用ノ償還ヲ乙ニ請求スルコトヲ得ルモノトス

前項ノ場合ニ於テ甲ハ保険者又ハ賠償責任者ニ對シ保険金又ハ賠償金ノ請求ヲ為シ得ルモノトス但此場合ニ於テハ前項ニ定ムル乙ニ對スル償還請求権ヲ失フ

No.

甲カ保険金又ハ賠償金ノ請求ヲ為サントスルトキハ乙ハ其請求ニ必要ナル法律上ノ手續ニ要スル書面ヲ甲ニ交付シ其他必要ノ手續ヲ為スヘキモノトス

第拾參條　甲ニ於テ本船ノ船体、汽機、汽罐並ニ屬具ニ對シ改造又ハ特種ノ設備ヲ要スルトキハ乙ノ承認ヲ受ケ之ヲ施行スルモノトス但其費用ハ甲ノ負擔トス

第拾四條　義勇艦ノ本義ニ基キ其任務ニ服スルタメ本船ヲ政府ノ用ニ供スルノ必要ニ接シタルトキハ其間本契約ヲ中止シ甲ハ乙ニ本船ノ引渡ヲ為スコトヲ要ス

前項ノ場合ニ於テ本船カ政府ノ用ヲ終リタルトキハ再ヒ本契

No.

約ニ復シ甲ノ使用ニ供スルモノトス
前項ノ場合ニ於テ船体及属具カ著シク破損シタルトキ其他本契約ノ目的ニ適セサルモノト認ムルトキハ甲ハ契約ノ解除ヲ為スコトヲ得ルモノトス但甲ハ乙ヲシテ修復工事ヲ為サシメ之ヲ使用スルコトヲ妨ケス
本條ノ規定ニ依リ契約ノ中止ヲ為シタルトキハ甲カ船舶ノ引渡ヲ為シタル日ヨリ更ニ其引渡ヲ受ケタルノ日マテ乙ハ第参條ニ掲ケタル甲ノ出資額ノ貳拾分ノ壹ヲ壹箇年ノ金額ト定メ日割計算ヲ以テ甲ニ支拂フモノトス
前項但書ノ場合ニ於テ修復工事ニ要スル期間亦同シ

ヲ-0022　B列5　28字×10　南滿洲鐵道株式會社

No.

本條ノ規定ニ依リ契約ノ中止ヲナシタルトキハ甲ハ本船ノ引渡ヲ為シタルトキヨリ其引渡ヲ受クルニ至ルマテ前数條ニ定メタル責ニ任セス第參項但書ノ場合ニ於テ修復工事ヲ終ヘテ引渡ヲ受クルニ至ルマテノ期間亦同シ

本船ノ全損ニ歸シタルニ因リ政府ヨリ得タル補償金ハ甲乙其出資額ニ應シテ分配スヘキモノトス

第拾五條　乙ハ參名以内ノ帝國海事協會員ヲ自己ノ費用ヲ以テ臨時ニ乗船セシメ船内諸般ノ装置並ニ其現状ヲ調査セシムルコトアルヘシ此ノ場合ニ於テハ甲ハ及フヘキ丈ケノ便宜ヲ與フヘキモノトス

No.

第拾六條 甲乙何レカ一方カ本契約ノ條項ニ違背シタルトキハ相手方ハ何時ニテモ本契約ヲ解約スルコトヲ得此場合ニハ第拾九條ノ規定ヲ準用ス但違背者ハ因テ生シタル損害ヲ賠償スル責ヲ負フモノトス

第拾七條 本船定期特別及臨時ニ生スル諸検査ノ際ハ甲ヨリ乙ニ通知スルコトヲ要ス

第拾八條 本契約期間中甲ニ於テ本契約ヲ継続スルコト能ハサル事情ヲ生シタルトキハ其旨六箇月以前ニ乙ニ豫告スルコトヲ要ス

前項ノ場合ニ於テハ甲ハ第拾参條ニ掲ケル乙ノ出資金額ヨリ既

No.

ニ支拂ヒタル本船賃借料ヲ控除シ其残額ヲ解約ノトキ一時ニ
乙ニ支拂フコトヲ要ス
本條ノ場合ニ於テハ本船及屬具ヲ競賣ニ付シ其代金中ヨリ解
約ノ時ヨリ本契約滿了ニ至ル迄ノ年數ニ對シ甲ノ出資金額ノ
貳拾分ノ壹ヲ乗シタル金額ヲ甲ノ所得トシ尚ホ剩餘アルトキ
ハ其金額ヲ甲乙各自ノ出資金額ニ應ジテ分配スルモノトス
第拾九條　本契約期間ノ滿了シタルトキハ本船及屬具ヲ競賣ニ
付シ其代金ハ甲乙双方ノ出資金額ニ應シ之ヲ分配スルモノト
ス

前項及其他ノ條項ニ據リ本船ヲ競賣ニ付スル場合ニ於テ甲乙

ヨ-C022　B列5　28字×10　南滿洲鐵道株式會社

No.

孰レカ本船ヲ買取ル希望ヲ有スルトキハ競賣入札人中ニ加ハルコトヲ得但入札金同額ナルトキハ甲ガ優先権ヲ有スヘキ條件ヲ以テ競賣ニ付スモノトス

第貳拾條 本船ノ引渡シ又ハ返還ヲ為ストキハ横濱神戸又ハ長崎ノ外ニテ乙ノ指定スル場所ニ於テ其授受ヲ為スモノトス但第拾四條ノ場合ニ於テハ甲ノ同意ヲ要ス

右契約ノ證トシテ本書貳通ヲ作成シ當事者双方各壹通ヲ保持スルモノ也

大正貳年八月参日

ヨ-0022 B列5 28字×10 南満洲鐵道株式會社

No.

（印）南満洲鐵道株式會社總裁

中村是公（印）

帝國海事協會理事長

男爵　有地品之允（印）

ヌ-0022　B列5　28字×10　南満洲鐵道株式會社　(13. 9. 10,000　…)

No.

帝國義勇艦さかき丸貸借契約書附屬覺書

一、別紙貸借契約期間中船體機関ノ材料及工事ノ不完全ヨリ生シタル損害ハ乙ノ同意ヲ受ケ甲ノ費用ヲ以テ之カ修理ヲ為スモノトス而シテ之ニ要シタル費用ハ本契約書第拾八條第參項及第拾九條第壹項ニ掲ケル甲乙各自ノ出資金額ニ應シ分配スル場合ニ於テハ甲ノ出資額中ニ加算スルモノトス

二、別紙貸借契約書第拾四條ニ據リ船舶ヲ政府ノ用ニ供シタル為メ之ニ對シ若シ政府ヨリ下賜金アリタル場合ニ於テハ其分配方法ハ其際甲乙協定スルモノトス但シ其金額カ該契約書第參條ニ掲ケル本船建造費ノ年貳拾分ノ壹ヲ超過シタル

ヨ-0022　B列5　28字×10　南滿洲鐵道株式會社

No.

場合ニ限ルモノトス

三、此覚書ハ別紙貸借契約書ト同一ノ効力ヲ有スルモノトス

右後日ノ證トシテ本書貳通ヲ作成シ當事者双方各壹通ヲ保持スルモノ也

大正貳年八月參日

印　南満洲鐵道株式會社總裁

中村是公　印

帝國海事協會理事長

男爵　有地品之允　印

ヨ-0022　B列5　28字×10　南滿洲鐵道株式會社　(13. 9. 10,000　)

(53)

No.

海事協會義勇艦ヲ上海航路使用ニ關スル件（明治四十三年　月）

拜啓益御多祥奉敬賀候

昨日海事協會ノ櫻井造船大監御來社御話ニ依レハ例ノ櫻丸、郵船ノ鎌倉丸ガ臺灣航路ニ入リタル爲メ客ハ一切鎌倉ノ方ヘ取ラレ櫻ハ豫定ノ計算通リ參ラヌトノコトニテ大阪商船ヨリ補助金ノ増額ヲ申出候由ナルモ元來前議會ニ於テ只今補助金通過シタルモ先ツ試ニ一ケ年間ヤツテ見ルトノコトニテ協賛シタル位故此上ノ増額ハ議會ノ通過無覺束幸ニ通過スレバ論ハナケレトモ此議ハ迚モムツカシカラント思ハル就テハ増額ノ事叶ハザル節ニハ満鉄ニテ櫻丸ヲ使用シ呉レ間敷ヤトノ御相談ニ有之候故小生一己ノ考ヲ申セハ櫻丸ハ一等客ヨリハ寧ロ二等客ヲ目的ニ造

No.

リタルモノナルモ上海航路ハ西洋人ガ目的故二等客ヲ目的トシツヽアル船ニテハ上海航路ニ適セズ又今新ニ貴協會ヘ新造ヲ御依頼致シツヽアル船ハ大分趣ヲ異ニ致居候上海航路ハ各國ノ航通路ニシテ日本ノ内海ニテ日本人對手ノ航路ト違ヒ候得ハ上海航路ヲ二隻ニテ我會社ガ経営スルトセバ船ニ甲乙アルコトハ甚ダ面白カラズ一對ノ船ヲ以テ経営スルノ必要有之候ニ付櫻丸ハ使用ノ見込立チ難クト答ヘタルニ他ニ使用ノ考ナキヤトノ重テノ向ニ付他ニハ目下航路ヲ開始スル考ナシ尤モ此レ等ハ小生一己ノ考故何レ重役諸君トノ熟議ヲ擬シ何分ノ御回答追テ可申上旨相答置キタリ就テハ左ノ件ニ付御謀議ノ上御回答煩シ度候、

ヨ−0022　B列5　28字×10　南滿洲鐵道株式會社　(13. 9. 10,000　[illegible])

No.

一、海事協會ノ申出ノ通リ臺灣ニテ櫻丸ヲ使用シ能ハザル節ニ
上海航路ヘ使用スルヤ否ヤ
（小生ハ前記ノ通リ上海航路ハビツコノ船ニテハ面白カラズト思フ航路ノ性質上甲乙ナキ好一對タル姉妹船タルコトヲ必要トスト考フ）

一、櫻丸ヲ上海航路ニ改ルトスル場合ニ於テ今計畫中ノ新造スヘキモノ、外[redacted]尚二隻ヲ必要トスルモ夫レハ今計畫中ノモノト同様ノモノヲ同時ニ海事協會ヘ注文シテハ如何カト思フ
尤モ船ノ「デザイン」ハ今長崎ト神戸ノ造船所ニテ兼テ當方ヨリ提出シタル要件ニ基キ計畫シタルモノト更ニ兩造船所ノ

No.

考ニテ計畫シタルモノト二樣ノ設計出來上ル由ニ付双方ヲ見較

ヘ其長所ヲ取リ十分其ノ筋ノ人ニ練ラシメ設計(船ノ)ヲ決定スル

見込ミ依テ二隻同時ニ海事協會ヘ註文スルトノ可否

(小生ハ同時ニ二隻海事協會ヘ註文スルヲ可トスト考フ)

一、若シ二隻海事協會ヘ造船ヲ依賴スルトセバ海事協會ニ於テ

ハ一隻振リ丈ケノ資本シカ之レナキ由ニ付一隻分ハ相當ノ

利息ヲ附シ會社ヨリ一時立替ヘテハ如何ヤ其可否其金額ハ

百[redacted]貳參拾萬圓トノコトナリ償却ノ方法ハ櫻丸梅ケ香丸並

ニ此度註文スヘキ分ノ三隻ノ船價積立金ヲ以テ之レニ充ツ

ルモノトス(會社ガ二隻註文スレバ結局四隻分ノ船價積立金

ヲ以テ償却ノ資ニ充ツルコトヲ得ヘシ

（本項モ小生ハ資金ヲ会社ヨリ貸与シテモ宜シカルヘシト思フ）

昨夜鉄道院平井副総裁ニ面会ノ節富永ノコトヲ催促シタルニ何トカ始末ヲシタク考ヘ居ルモ中々纏ラズ弱シ到底何トカセザルヲ得ザルベシ事ニ依レハ一時富永ハ調査所ノ方ヘデモ入レルカナト杯ノ話モ有之候ニ付平井副総裁ハ能ク当方ノ意ヲ諒トシ居ラルル様察セラレ候得ハ其内本件ハ何氏ノ尽力ニ由リ当方希望ノ通リ解決スヘクト期待罷在候又其節平井副総裁ノ話ニ鉄道院ニテ引受ケタル梅ケ香丸ハ十

No.

五万圓ヅヽノ損失ヲ見込ミ居ルモ関釜連絡ニ梅ケ香ヲ使用シ十五万円ヲ損スルハ金ノ冥利ニ盡キル訳故損スル位ナラバ有効ニ使用シ度就テハ大連馬関航路ヘ向ケテハ如何カト思フ夫レニシテモ一隻ニテハ面白カラズ仍テ鉄道院ガ梅ケ香ヲ以テ大連航路ニ臨ム故満鉄ニテ櫻丸ナリ何ナリ相当ノ船ヲ以テ之レニ臨ミ二隻ニテ大連馬関間ヲ往復スルコトハ如何カトノコトナリ、シ故某ク結構ナル訳ナルモ左様ノコトニ立至ラバ大阪商船ハ如何セラルヽヤト申シタルニ大阪商船ノ始末ニハ今成案ナキモ夫レモ相談シ度ク思ヒ居タリトノ平井副総裁ハ打解ケテ、話振リ故リ、生ハ大阪商船ノ始末サヘ

ヲ-C022　B列5　28字×10　南滿洲鐵道株式會社　(13. 3. 10,000 冊 納)

No.

付クコトナラバ此事ハ至極面白キ話ト思フ尤モ頻ニ本相談トアレ
バ能ク重役諸君トモ協議ヲ遂ゲ議ヲ決スルノ必要アル旨申述ヘ
タル所平井副總裁ハマダ正式ノ話ト云フ譯ケデモナシ正式ノ話
ニスルトキニハ何レ遞信省ヘモ協議ヲ要スル議ナリト申居ラレ
候右ニ付篤メ主役會ノ御意見承知致度仰セテ[redacted]前件ト共ニ御回答
相煩度候　　　匆々敬具

八月五日　　　　　　　中村總裁

國澤副總裁殿

尚ホ海事協會ノ船ヲ使用スル条件ハ二拾ケ年[redacted]三船價ヲ償却スル

ヨ-0022　B列5　28字×10　　南滿洲鐵道株式會社　　(13. 9. 10,000 冊 結川納)

No.

モノトシテ其船價積立ヲ會社ガ負擔シテ年々船價ニ對スル二十分ノ壱ヲ年々會社ガ海事協會ヘ交附シ且保險料ヲ會社ガ負擔スルコト右御參考マデ申添ヘ候、

No.

明治四十二年八月十一日

國澤新兵衛

中村總裁殿

本月五日付御書面拜見致候櫻丸及上海航路用船ニ付キ此方重役ノ意見左ニ申上候

一、櫻丸ヲ台湾航路ニ使用シ能ハザル場合ニハ義勇艦隊ノ為メニ公平ニ考ヘテ此船ヲ比較的損失ヲ最モ少ク使用スルニハ航路ノ兩端ニ於テ燃料石炭ヲ最モ安價ニ買入レ得ル場所ナリトス之レ恐ラク門司大連間ヲ除キテ他ニ此船ニ適當ナル航路ナカルベシ之ニテモ一ケ年ノ損失蓋シ貳拾萬円以下ニテハ済ミ申

ヨ-0022　B列5　28字×10　南満洲鐵道株式會社　(13. 9. 10,000冊)

No.

間敷候故ニ大阪商船トノ談合モ付キ且ツ義勇艦隊ニテ船價償却積立金又ハ保險料等ヲ會社ヨリ要求セズ會社ヘ無償ニテ貸シ呉レ會社ハ單ニ之ヲ運轉シ且ツ必要ナル修繕ヲ施スト云フ位ニテ相談出來候ヘバ門司大連間ニ使用致候テモ宜布御座候併シ其時ニハ平井副總裁御話ノ梅ケ香丸ヲ大連航路ニ使用ナサレ此等快速力ノ船ニ艘ヲ大連ニ差向ケラレ候ヘバ尤モ妙ニ御座候

一、此船ヲ上海航路ニ使用スルハ御説ノ如クビツコノ船ヲ使用スルコトハ面白カラザルノミナラズ船トシテノ計算愈々難澁トナリ實行難致相成候

ヲ-0022　B列5　28字×10　南滿洲鐵道株式會社　(13. 9. 10,000 鮎川納)

No.

一、上海航船ニシテ義勇艦隊ニ二艘新造セシムルコト異議無之第四船ニ要スル資金ノ如キモ義勇艦隊ニ於テ所有船ヲ抵当ニ銀行ヨリ融通ヲ仰クコトモ左程困難ニモアル間敷又是非ニトノ事ナレバ會社ヨリ融通シテモ宜カルベクト存候、

右ハ貴答迄申上候也、

ヨ-0022　B列5　28字×10　南滿洲鐵道株式會社　(13. 9. 10,000 新川納)

No.

(54) 案

撫順丸船價更定ノ件（大正四年一月）

支文第四一一四號

謹啓 貴會愈御隆盛奉賀候 陳者撫順丸船價ノ儀大正二年十月十六日附貴會庶第二一八号追加御承認ニ依リ總額金百三十一万二千五百十八円五十二錢（内五十一万二千五百十八円五十二錢ハ弊社出資額ト決定シ其後更ニ大正三年六月八日附貴會理事櫻井省三氏並弊社造船監督河内研太郎及撫順丸船長佐藤嶽三連署決定シタル撫順丸改良及増設工事費金五千九百九拾三円二錢（全部弊社出資トヲ合算シタル總金額百三十一万八千五百十一円五十四錢ト相成候處精算ノ結果右金額ハ別紙計算表ノ通リ差引金二千四百九十四円六十七錢ヲ増加スル必要相生シ候ニ付同船々價總額ヲ金

ヨ-∪022　B列5　28字×10　南滿洲鐵道株式會社　(13.9. 10,000)

No.

百三十二万一千六円六十三銭ト改訂シ弊社出資金額ヲ金五十二万一千六円六十三銭ニ変更ノ儀御承認被成下度尚目下金額未定ノ「ベヤリング」ニ個修繕代金並プロペラー運送費決定ノ上ハ右金額ヲモ船價ニ組入レ弊社出資金額ニ加算致度候間御承知ヲ得置度右併セテ得貴意候

敬具

追テ改訂船價契約書ニ記入ノ儀ハ前記「ベヤリング」修繕代金其他決定ノ上ニ致度尚榊丸御用船中ノ日数ニ對スル弊社出資金請求ノ儀ハ今回御承認願上候金額ヲ基礎トナ致候ニ付右様御了承被下度併セテ得貴意候

大正四年一月十四日

ヨ－.022　B列5　23字×10　南満洲鐵道株式會社

No.

南満洲鉄道株式会社
総裁男爵　中村雄次郎

帝國海事協會
理事長男爵　有地品之允殿

ヨ－022　B列5　28字×10　南満洲鐵道株式會社　(13.9.10,000)

支文第三九三號ノ二

大正四年一月十五日

南滿洲鐵道株式會社東京支社

岡本芳二郎

久保庶務課長殿

本月七日附總事庶甲第六三二号御申越ニ基キ榊丸無線電信設備費三、五七三円五一銭増加並大正元年度支出額中一八九円三六銭及大正二年度備附品購入契約額中八八九円四六銭ヲ減額シ差引二、四九四円六九銭ヲ増加シ右金額ヲ會社出資額中ニ組入レ同船ノ價ニ加算ノ儀錄承候因別紙写之通リ海事協會ノ承諾ヲ得候ニ付當方ヨリ送リタル書面写相添右御通知申上候也

No.

ヨ－022　B列5　28字×10　南滿洲鐵道株式會社　（13．9．10,000　鮎川納）

No.

追テ埠頭事務所長ヘハ貴方ヨリ可然御傳達被下度候、

ヨ-5022　B列5　28字×10　南滿洲鐵道株式會社　(13. 9. 10,000　[illegible])

寫

No.

庶第九號

謹啓　貴社愈御隆昌奉賀候陳者本月十四日付支文第四一四號ヲ以テ汽船さかき丸船價改訂之儀ニ付御照會之趣致敬承候右ハ御來示之通リ同船々價總額ヲ金百參拾貳万壹千六円貳拾參錢ト改訂シ内貴社御出資金額ヲ金五拾貳万壹千六円貳拾參錢ニ御變更ノ義異儀無之尚本目下金額未定ノベヤリング之個修繕代金並プロペラー運送費決定ノ上ハ右金額ヲモ船價ニ組入レ貴社御出資金額ニ加算可相成趣承知致候條御含旁此段得貴意候　敬具

追テ改訂船價契約書ニ記入ノ儀ハ追テ書御申越ノ件々了承致候

大正四年　月十五日

No.

帝國海事協會理事長
男爵　有地品之允

南満洲鐵道株式會社
總裁男爵　中村雄次郎殿

ヨ－022　B列5　28字×10　南満洲鐵道株式會社　(13. 9. 10,000冊)

榊丸船價計算表

		榊丸船價	今回削除並追加ノ結果増加ヲ要スル金額	改訂榊丸船價	摘要
大正二年十月十六日總第二一八號御承認榊丸船價					
會社決算額					
大正元年度支出額		261,489 56	189 36		減額理由 別表第一項ノ通リ
大正二年度支出額		215,371 16			
追加工事費	5,655.00				
無線電信設備費	4,242.78		3,573 51		增額理由 別表第二項ノ通リ
會社負擔船價支拂額	174,200.00				
造船監督者俸給手當支給額	2,779.41				
仝上旅費支給額	[illegible]				
仝上報酬支給額	6,100.00				
造船監督費実施(海事協會ヘ支拂分)	1,282.82				
船舶登記税(仝上)	3,899.00				
會社未決算額					
大正二年度内支拂所要額		35,658 00			
本船備品購入契約額	16,613.00		889 46		減額理由 別表第三項ノ通リ
プロペラーシャフト(豫備品)一本代	2,795.00				
プロペラー(左右,豫備品)二個代	16,250.00				
海事協會支拂額		800,000 00			
海事協會ヘ建造船價支拂額	800,100.00				
計		1,312,518 52			
榊丸(大正二年八月二日)引取後ニ於ケル追加工事費 大正三年六月八日大連ニ於テ決算ノ分		5,993 02			
累計		1,318,511 54			
改總計		1,318,511 54	2,494 19	1,321,006 23	

榊丸船價改訂理由

（第一）　大正元年度決算額減額理由

大正二年十月十六日庶第二一八號ヲ以テ御承認ヲ得タル金二十六万千四百八十九円三十六銭ハ決算前ノ見積額ニ有之候處決算ノ結果金二十六万千三百円ト相成タルニ付差引金百八十九円三十六銭ヲ減額致候次第ニ御座候。

（第二）　無線電信設備費増額理由

大正二年十月十六日庶第二一八號ヲ以テ御承認ヲ得タル金額	4,242.88
無線電信取付費追加額	3,935.81
大正二年度支拂發信機据付及振動電流計代価	189.00
大正三年度拂戻無線電信取付費中消耗品ニ係ルモノヲ控除	551.30
無線電信設備費總額	7,816.39

右理由ニヨリ上記金額七千八百十六円三十九銭ヨリ既ニ御承認ヲ得タル四千二百四十二円八十八銭ヲ控除シタル金額三千五百七十三円五十一銭ヲ増額致候次第ニ御座候。

（第三）　大正二年度支拂ノ予算額中　備品購入契約額減額理由

大正二年十月十六日庶第二一八號ヲ以テ御承認ヲ得タル金一万六千六百十三円ハ未決算額トシテ計上致置候處實際購入費ヲ金一万五千七百二十三円五十四銭ト決定致候ニ付差引金八百八十九円四十六銭ヲ減額致候次第ニ御座候。

No.

(55)

〈會社経営汽船ニヨル大連上海間郵便物運送契約〉（昭四、二年）

郵便物運送規定書

第一條 南満洲鐵道株式會社（以下單ニ會社ト稱ス）ノ經營ニ係ル大連上海間航行汽船ニ於ケル郵便物ノ運送方ハ本書ノ定ムル所ニ依ル

前項ニ於テ郵便物ト稱スルハ郵便法、郵便條約其ノ他將來發布ニ係ル法律命令又ハ條約ニ依リ郵便物トシテ取扱フモノ及其ノ通報ニ要スル器具ヲ謂フ

第二條 前條汽船航海區間航送受渡局及度數ハ左ノ如シ

一、場所　大連上海間

一、受渡局　大連、上海

No.

一、航送度数　毎週互地發凡一回

第三條　會社ハ汽船發着日時ヲ豫定シ遞信省通信局関東都督府郵便電信局（以下単ニ郵電局ト稱ス）及發着地ノ郵便局ニ届出ルモノトス其ノ之ヲ変更シタルトキ亦同シ

止ムヲ得サル事故ノ為前項届出ノ發着日時ヲ臨時変更シ又ハ欠航セントスルトキハ汽船出發ノ時刻ヨリ遅クモ二十四時間前ニ其ノ地ノ郵便局ニ届出ルモノトス

第四條　汽船ハ郵便物ノ積載ヲ終ヘスシテ出發スヘカラス但風波ノ為郵便物ノ揚卸ヲ為ス能ハサル場合又ハ出發定刻前積入ヲ為シ得ヘキ時限迄ニ郵便物ノ引渡ヲ受ケサルトキハ此

No.

限ニアラス

第五條　郵便局ト汽船間ノ差立郵便物運送ハ大連ニ於テハ大連郵便局之ヲ為シ船員ハ別紙第一号様式ニ據ル差立船舶郵便引渡証ト対照シ其ノ相違ナキヲ確メタル上引渡証ニ記名調印シ之ヲ逓送人ニ返付シテ郵便物ヲ受取リ汽船搭載ノ手續ヲナシ又上海ニ於テハ上海日本郵便局ト日本郵船會社上海支店トノ間ニ之ヲ為スヲ以テ前段ニ準シ之ヲ受授スルモノトス

第六條　汽船入港ノ際ハ入港次第其航送セル郵便物ヲ他ノ貨物ニ先チ陸揚シ船員ハ之ヲ別紙第二号様式ニ據ル到着船舶郵

No.

便引渡記ヲ添ヘ大連ニ於テハ之ヲ大連郵便局ヨリ派遣ノ通
送人ニ引渡シ上海ニ於テハ船員若クハ會社取扱員ヨリ前段
ニ準シテ日本郵船會社上海支店ニ引渡スモノトス
第七條　郵便物ハ他物ト混同スヘカラサルハ勿論鄭重ニ取扱ヒ
毀損湿潤盗難亡失其ノ他一切損害ヲ受ケサル様安全ニ保護
スルモノトス又船内ニ於テハ右等損害ノ虞ナキ容積壹百立
方尺ノ安全ナル郵便物藏置室ヲ供シ船長若クハ其代理者
ニ之ヲ藏置保護セシムルノ義務アルモノトス
臨時郵便物多数ニシテ郵便物藏置室ニ積載スルコト能ハサ
ル場合ニハ最モ安全ナル場所ニ藏置スルモノトス

ヲ-0022　B列5　28字×10　南満洲鉄道株式會社　（16.9 10,000冊 誌刷課）

No.

第八条　郵便物逓送途中天災其ノ他ノ事変ニ遭遇シ同一汽船ニテ其逓送ヲ完了スル能ハサル場合ハ船長ハ他ノ貨物手荷物ニ先チ最モ適宜機敏ノ方法ヲ以テ之ヲ最寄帝国郵便局若クハ帝国官憲ニ逓送シ得ヘキ処置ヲ為シ其旨直ニ関係郵便局ニ通報スルモノトス但之ニ要スル費用ハ郵便局ノ負担トス

第九条　郵便物ヲ搭載スル汽船ニハ左ノ図式ニ依リ郵便旗ヲ掲揚スヘシ

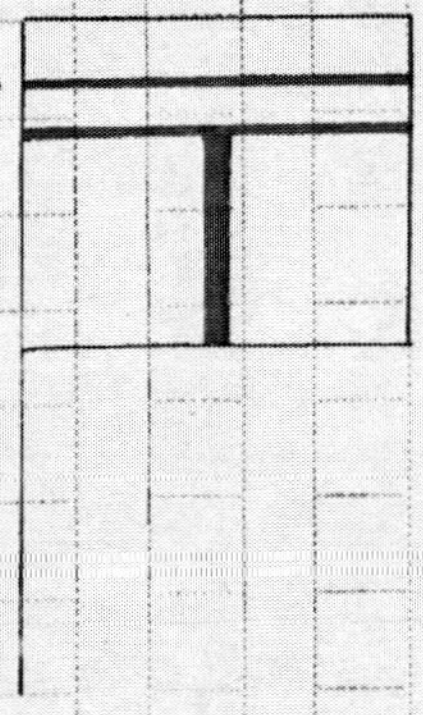

No.

第十條　郵便物搭載船舶ニハ乗客ノ最モ認メ易ク且安全ナル場所ヲ撰ミ成規ノ郵便函ヲ取付ケ着港前適当ノ時刻ニ船長若クハ其代理者開函シ郵便物ヲ取集メ之ヲ着港地ノ帝国郵便局ニ送付スヘシ

第十一條　本書所定ノ事項ヲ履行スルニ要スル總テノ費用ハ特別ノ規定アルモノヲ除クノ外總テ會社ノ負担トス

第十二條　郵便物運送料ハ全計算トシ百立方尺一運毎ニ金貳錢ノ割合トス百立方尺以上ノモノハ百立方尺ヲ増ス毎ニ壱銭宛累加シ郵便物運送汽船航海終了度数ニ應シ毎一ケ月分ヲ翌月末日迄ニ郵電局ヨリ會社ニ支拂フモノトス

ヲ-0022　B列5　28字×10　南満洲鉄道株式會社

No.

第十三條　本規定以外ノ事項ハ鐵道船舶郵便法鐵道船舶郵便規則及明治三十三年九月逓第一〇四号船舶逓送郵便物取扱手續ニ準據スルモノトス

第十四條　本規定ハ明治四十一年八月十日ヨリ明治四十二年三月三十一日迄有効期間トス但其期間内郵便局ヨリ何等ノ通知ヲ為サズ又ハ其期間終了ノ三十日前迄ニ會社ヨリ何等ノ申出ヲ為ササルトキハ次ノ會計年度中繼續スルモノトス爾後毎年度同一ノ例ニ依ル

右規定ス依テ茲ニ正本二通ヲ調製シ各壹通ヲ保管スルモノトス

明治四十一年八月九日

ター0022　B列5　28字×10　南滿洲鐵道株式會社　(13.9 10,000)

No.

関東都督府郵便電信局長　加藤順次郎

南満洲鐵道株式會社副總裁　中村是公

No.

郵便物航送協定書

第一條　南満洲鐵道株式會社（以下單ニ會社ト稱ス）ノ經營ニ係ル大連上海間航行汽船ニ於ケル郵便物ノ運送方ハ本協定ノ定ムル所ニ依ル

前項ニ於テ郵便物ト稱スルハ郵便法郵便條約其ノ他將來發布ニ係ル法律命令又ハ條約ニ依リ郵便物トシテ取扱フモノ及其運搬ニ要スル器具ヲ謂フ

第二條　前條汽船ニ依ル郵便物航送区間受渡局及航送度數ハ左ノ如シ

一、郵便物航送区間　大連上海間

-0622　B列5　28字×10　南満洲鐵道株式會社　(13.9 10,000冊 ...)

No.

一、受渡局　大連ト上海

一、航送度数　汽船航海ノ都度

第三條　會社ハ汽船發着日時ヲ豫定シ遞信省通信局関東都督府通信管理局及發着地ノ郵便局ニ届出ツルモノトス其之ヲ変更シタルトキ亦同シ

止ムヲ得サル事故ノ為メ前項届出ノ發着日時ヲ臨時變更シ又ハ欠航セントスルトキハ汽船出發ノ時刻ヨリ遅クトモ二十四時間前ニ其旨ヲ郵便局ニ届出ツルモノトス

第四條　汽船ハ郵便物ノ積載ヲ終ヘスシテ出發スヘカラス但風波ノ為メ郵便物ノ揚卸ヲ為スコト能ハサルトキ又ハ出發宗

No.

到前積入ヲ為シ得ヘキ時限迄ニ郵便物ノ引渡ヲ受ケタルトキハ此限ニ在ラス

第五條　郵便局ト汽船トノ間ノ差立郵便物運送ハ大連ニ於テハ大連郵便局之ヲ擔当シ船員ハ別紙第一号様式ニ依ル差立船舶郵便引渡証ト対照シ其相違ナキヲ確メタル上引渡証ニ記名調印シ之ヲ逓送人ニ返付シテ郵便物ヲ受取リ汽船搭載ノ手續ヲ為シ又上海ニ於テハ日本郵船株式会社上海支店之ヲ擔当シ船員ト同支店員トノ間ニ前段ニ準シ郵便物ヲ受授スルモノトス

第六條　汽船ノ入港ノ際ハ入港次第其航送セル郵便物ヲ他ノ貨物

No.

刻前積入ヲ為シ得ヘキ時限迄ニ郵便物ノ引渡ヲ受ケタルト
キハ此限ニ在ラス
第五條　郵便局ト汽船トノ間ノ差立郵便物運送ハ大連ニ於テハ
大連郵便局之ヲ擔当シ船員ハ別紙第一号様式ニ依ル差立船
舶郵便引渡証ト対照シ其相違ナキヲ確メタル上引渡証ニ記
名調印シ之ヲ逓送人ニ返付シテ郵便物ヲ受取リ汽船搭載ノ
手續ヲ為シ又上海ニ於テハ日本郵船株式會社上海支店之ヲ
擔当シ船員ト同支店員トノ間ニ前段ニ準シ郵便物ヲ受授ス
ルモノトス
第六條　汽船ノ入港ノ際ハ入港次第其航送セル郵便物ヲ他ノ貨物

No.

手荷物ニ先チ陸揚シ船員ハ之ニ別紙第二号様式ニ依ル到着船舶郵便引渡証ヲ添ヘ大連ニ於テハ之ヲ大連郵便局ヨリ派遣ノ係員ニ引渡シ上海ニ於テハ之ヲ埠頭ニ於テ日本郵船株式會社上海支店員ニ引渡スモノトス

第七條　郵便物ハ他物ト混同スヘカラサルハ勿論鄭重ニ取扱ヒ毀損湿濡盗難亡失其他一切損害ヲ受ケサル様安全ニ保護スルモノトス又船内ニテハ右等損害ノ虞ナキ容積四立方尺ノ安全ナル郵便物藏置室ヲ設備シ船長又ハ其代理者ヲシテ之ヲ藏置保護セシムルノ義務アルモノトス

臨時郵便物多数ニシテ郵便物藏置室ニ積載スルコト能ハサ

No.

ル場合ニハ最モ安全ナル場所ニ之ヲ藏置スルモノトス

第八條　郵便物運送途中天災其他ノ事変ニ遭遇シ同一汽船ニテ其運送ヲ完了スルコト能ハサル場合ニハ船長ハ他ノ貨物乎荷物ニ先ケ最モ適当機敏ノ方法ヲ以テ之ヲ最寄郵便局ハ帝国官憲ニ運送シ得ヘキ處分ヲ為シ其旨直ニ関係郵便局ニ通報スルモノトス但之ニ要スル費用ハ遞信省通信局ノ負擔トス

第九條　郵便物ヲ搭載スル汽船ニハ郵便旗ヲ揭揚スヘシ

第十條　郵便物搭載船舶ニハ其ノ最モ認メ易ク且安全ナル場所ヲ撰ヒ成規ノ郵便函ヲ取付ケ着港前適当ノ時刻ニ船長又

No.

ハ其代理者開函シ郵便物ヲ取集メ之ヲ着港地ノ帝国郵便局ニ送付スヘシ

第十一條　本協定ニ定メシ事項ヲ履行スルニ要スル總テノ費用ハ特別ノ規定アルモノヲ除クノ外總テ會社ノ負擔トス

第十二條　郵便物航送料ハ金計算トシ百立方尺毎ニ金弐銭ノ割合トス百立方尺ヲ超ユルモノハ百立方尺ヲ増ス毎ニ壱銭宛増加シ郵便物運送汽船航海終了後数ニ應シ毎壹ケ月分ヲ翌月十日迄ニ在上海帝国郵便局ヨリ會社ニ支拂フモノトス

第十三條　本協定ニ掲ケサル事項ニ付テハ鐵道船舶郵便法鐵道船舶郵便規則及明治三十三年九月通第一〇四号船舶運送郵

No.

便物取扱手續ニ準據スルモノトス
第十四條　本協定ハ明治四十二年四月一日ヨリ明治四十三年三月三十一日迄ヲ有効期間トス但其期間内ニ遞信省通信局ヨリ何等ノ通知ヲ為サズ又ハ其期間満了前三十日以内ニ會社ヨリ何等ノ申出ヲ為サヾルトキハ次ノ會計年度中継續スルモノトス爾後毎年度同一ノ例ニ依ル
右協定ニ依リ茲ニ正本二通ヲ作成シ各壹通ヲ保管スルモノトス

明治四十二年三月二十五日

遞信省通信局長　小松謙次郎

南満洲鐵道株式會社總裁　中村是公

-0022　B列5　28字×10　南満洲鐵道株式會社

No.

郵便物航送協定書

第一條 南滿洲鐵道株式會社（以下單ニ會社ト稱ス）ノ經營ニ係ル大連上海間航行汽船ニ於ケル郵便物ノ運送方ハ本協定ノ定ムル所ニ依ル

前項ニ於テ郵便物ト稱スルハ郵便法郵便條約其ノ他將來發布ニ係ル法律命令又ハ條約ニ依リ郵便物トシテ取扱フモノ及其運搬ニ要スル器具ヲ謂フ

第二條 前條汽船ニ依リ郵便物航送区間受渡局及航送度數ハ左ノ如シ

一、郵便物航送区間 大連上海間

No.

一、受渡局　大連上海

一、航送度数　汽船航海ノ都度

第三條　會社ハ汽船発着日時ヲ豫定シ遞信省関東都督府通信管理局及発着地ノ帝国郵便局ニ届出ツヘシトス其之ヲ変更シタルトキ亦同シ

止ムヲ得サル事故ノ為メ前項届出ノ発着日時ヲ臨時変更シ又ハ欠航スヘキトキハ汽船出発ノ時刻ヨリ遅クトモ二十四時間前ニ其地ノ帝国郵便局ニ届出ツヘシトス

第四條　汽船ハ郵便物ノ積載ヲ終ヘスシテ出発スヘカラス但風波ノ為メ郵便物ノ揚卸ヲ為スコト能ハサルトキ又ハ出発未

No.

刻前積込ヲ為シ得ヘキ時限迄ニ郵便物ノ引渡ヲ受ケサルトキハ此限ニ在ラス

第五條 郵便局ト汽船トノ間ノ差立郵便物運送ハ大連ニ於テハ大連郵便局之ヲ担当シ船員ハ郵便物ニ添付セル別紙第一号様式差立船舶郵便引渡証ト対照シ其相違ナキヲ確メタル上別紙第二号様式差立船舶郵便引渡簿ニ記名調印シ之ヲ局員又ハ逓送人ニ返付シテ郵便物ヲ受取リ汽船搭載ノ手續ヲ為シ上海ニ於テハ帝国及外国郵便局該運送ヲ担当シ船員ト局員又ハ逓送人トノ間ニ於ケル各号送記二通ヲ便用シ前段ニ準シ夫々郵便物ヲ受授スルモノトス

ヰ-0022 B列5 28字×10 南満洲鉄道株式會社 (13.9 10,000枚)

No.

一、別紙第三号様式　着支船舶郵便引渡證

在上海帝国郵便局用

二、別紙第四号様式　送記

在上海英国郵便局用

三、別紙第五号様式　送記

在上海独国郵便局用

第六條　汽船入港ノ際ハ入港次第其ノ航送スル郵便物ヲ他ノ貨物ニ先タチ陸揚シ船員ハ之ニ別紙第六号様式到着船舶郵便引渡證ヲ添ヘ且別紙第七号様式郵便物引渡簿ニ相当受領印ヲ徴シテ大連ニ於テハ埠頭ニ於テ大連郵便局員又ハ使送人

-0022　B列5　28字×10　南満洲鉄道株式会社　(13.9 10,000 部 ...)

No.

ニ上海ニ於テハ埠頭ニ於テ帝國及外國郵便局員又ハ郵送人ニ夫々郵便物ヲ引渡スモノトス

第七條　郵便物ハ他ノ貨物ト混同スヘカラサルハ勿論鄭重ニ取扱ヒ毀損濕濡盗難亡失其他一切損害ヲ受ケサル樣安全ニ保護スルモノトス又船舶ニ於テハ右等損害ノ虞ナキ容積百立方尺ノ安全ナル郵便物藏置室ヲ設備シ船長又ハ其代理者ヲシテ之ヲ藏置保護セシムルノ義務アルモノトス

臨時郵便物多數ニシテ郵便物藏置室ニ積載スルコト能ハサル場合ニハ最モ安全ナル場所ニ之ヲ藏置スルモノトス

第八條　郵便物運送途中天災其他ノ事變ニ遭遇シ同一汽船ニテ

No.

其ノ遞送ヲ完了スルコト能ハサル場合ニハ船長ハ他ノ貨物手荷物ニ先チ最モ適宜機敏ノ方法ヲ以テ之ヲ最寄帝國郵便局又ハ帝國官憲ニ遞送シ得ヘキ處置ヲ為シ其旨直ニ関係郵便局ニ通報スルモノトス但之ニ要スル費用ハ遞信省通信局ノ負擔トス

第九條　郵便物ヲ搭載スル汽船ニハ郵便旗ヲ掲揚スヘシ

第十條　郵便物搭載船舶ニハ乗客ノ最モ認メ易ク且安全ナル場所ヲ撰ヒ成規ノ郵便函ヲ取付ケ着港前適当ノ時刻ニ船長又ハ其代理者開函シ郵便物ヲ取集メ之ヲ着港地ノ帝國郵便局ニ送付スヘシ

No.

第十条　本協定ニ定ムル事項ヲ履行スルニ要スル總テノ費用ハ特別ノ規定アルモノヲ除ク外總テ會社ノ負担トス

第十一条　郵便物航送料ハ金計算トシ百立方尺一運毎ニ金貳銭ノ割合トス百立方尺ヲ超ユルモノハ百立方尺ヲ増ス毎ニ一銭宛累加シ郵便物運送汽船航海終了度数ニ應シ毎一ヶ月分ヲ翌月末日迄ニ在上海帝国郵便局ヨリ會社ニ支拂フモノトス

第十二条　本協定ニ掲ケサル事項ニ付テハ鐵道船舶郵便法、鐵道船舶郵便規則及明治三十三年九月逓第五一〇四号船舶運送郵便物取扱手續ニ準據スルモノトス

第十三条　本協定ハ明治四十二年三月二十五日附協定ニ代リ明治

No.

四十二年十二月二十日ヨリ明治四十三年三月三十一日迄ヲ有効期間トス但其期間内ニ逓信省通信局ヨリ何等ノ通知ヲ為サス又ハ其期間満了前三十日以内ニ會社ヨリ何等ノ申出ヲ為サザルトキハ次ノ會計年度中継續スルモノトス爾後毎年度同一ノ例ニ依ル

右協定ス依テ茲ニ正本貳通ヲ作成シ各壹通ヲ保管スルモノトス

明治四十二年十二月四日

逓信省通信局長　小松謙次郎

南満洲鐵道株式會社總裁　中村是公

-0022 B列5 28字×10　南満洲鐵道株式會社

(56)

No.

日本郵船会社ヨリ神戸丸傭船契約

傭船継續契約書

南満洲鐵道株式會社ト日本郵船株式會社トノ間ニ締結セル神戸丸傭船契約ハ明治四十五年八月八日ヲ以テ期限満了ノ處更ニ其翌日ヨリ向フ壹ケ年間即チ明治四十六年八月八日迄継續ス

右雙方協定契約ノ證トシテ本書貳通ヲ作リ各自署名捺印ノ上各其壹通ヲ保有スルモノ也

明治四十五年七月廿九日

大連東公園町

南満洲鐵道株式會社

總裁　中村是公　印

印

ヲ-0022　B列5　23字×10　南満洲鐵道株式會社　(13. 9. 10,000　[illegible])

No.

東京麹町区有楽町一丁目一番地

（印）日本郵船株式會社

社長　近藤廉平（印）

ヨ-0022　B列5　28字×10　南滿洲鐵道株式會社　（13. 9. 10,000 ……）

No.

傭船継続契約書

南満洲鉄道株式會社ト日本郵船株式會社トノ間ニ締結セル明治四拾壹年七月貳拾壹日附神戸丸傭船契約ハ期限満了ノ翌日ヨリ更ニ向フ壹箇年間契約ヲ継続シ同時ニ契約書第一條中傭船料ハ總噸数壹噸ニ付壹箇月金四圓貳拾五銭トアルヲ傭船料ハ壹箇月金八千五百圓ト更改ス

右雙方協定契約ノ證トシテ本書貳通ヲ作リ各自署名捺印ノ上各其壹通ヲ保有スルモノ也

明治四拾貳年八月四日

ヨ-C022　B列5　28字×10　南滿洲鐵道株式會社　(13. 9. 10,000 ...)

No.

東京市麹町区有楽町壱丁目壱番地

日本郵船株式会社

印

社長　近藤廉平　印

南満洲鐵道株式會社

總裁　中村是公　印

ヨ-0022　B列5　28字×10　南満洲鐵道株式會社　(13.9.10,000　[illegible])

No.

神戸丸

傭船契約

ヨ-C022　B列5　28字×10　南滿洲鐵道株式會社　(13. 9. 10,000　納□納)

No.

セシメントスルトキハ船主ノ承諾ヲ要スルモノトス
第六條　傭船者ハ本契約ノ條項ニ従ヒ前條ノ航行区域内ニ於テ
自由ニ本船ヲ航行セシメ又ハ更ニ第三者ト傭船契約ヲ結フコ
トヲ得
第七條　船主ハ本船カ貨物及ヒ旅客ヲ搭載シテ航海ヲ為スニ適
シ毫モ故障ナキモノナルコトヲ保證シ明治四拾壹年八月五日
大連港ニ於テ本船ヲ傭船者ノ用ニ供スヘシ若シ引渡カ右日限
ヨリ拾日間遅延スルトキハ傭船者ハ本契約ヲ解除スルコトヲ
得
第八條　本契約カ満期其他ノ事由ニ因リ終了ニ至リタルトキハ

ヨ-0022　B列5　23字×10　南満洲鐵道株式會社

No.

傭船者ハ大連港ニ於テ本船ヲ解傭スヘシ

第九條　傭船者ハ貨物及ヒ旅客取扱ノ為メ特ニ其使用人ヲ本船ニ乗組マシムルコトヲ得

第十條　本船ノ經費中傭船者ノ負担ニ属スヘキ費目左ノ如シ

一、本船焚料石炭及ヒ汽罐水

一、貨物及ヒ旅客ニ関スル一切ノ經費

一、出入港税、噸税、燈台料、水先料及ヒ、桟橋維繫料

一、傭船者ヨリ乗組マシメタル者ノ給料、食料及ヒ其他ノ費用

一、傭船者ノ為メニ使用スル通船料

No.

第十一條　本船ノ経費中船主ノ負担ニ属スヘキ費目左ノ如シ

一、船長以下乗組員其他船主ノ雇入ニ係ル者ノ給料食料等一切ノ経費

一、其他第十條ニ定メサル一切ノ経費

第十二條　傭船者ニ於テ本船使用上特種ノ設備ヲ為サントスルトキハ船主ノ承諾ヲ要スルモノトス此場合ニ於テハ本船解傭ノ際其設備ヲ撤廃シテ旧状ニ復セシムヘキモノトス

前項ノ設備及ヒ撤廃ニ要スル費用ハ一切傭船者ノ負担トス

第十三條　第七條ニ依リ本船供用ノ際石炭庫内ニ残リアル石炭ハ傭船者之ヲ引受ケ本船解傭ノ際残リアル石炭ハ船主之ヲ引

ヨ-0022　B列5　28字×10　南満洲鐵道株式會社　(19. 9. 10,000)

No.

受クヘシ但其代價ハ其時ノ相場ヲ以テ之ヲ計算スルモノトス

第十四條　本船檢査汽罐掃除船体若クハ汽機汽罐ノ修繕又ハ船主ノ雇入レニ係ル乗組員ノ缺乏若クハ其過失悪意等ノ為メ本船ノ碇泊時間四十八時間以上ヲ要シタルトキハ傭船者ハ其碇泊日数ニ對スル傭船料ヲ引去リ仕払ヲ為スモノトス

前項ノ期間ハ傭船者ノ選擇ヲ以テ第二條ノ期間内ニ算入シ若クハ算入セサルコトヲ得

第十五條　檢疫消毒ニ關スル一切ノ費用及損害ハ傭船者ノ負担トス

前項ノ理由ニ依リ停船中ニ係ル傭船料ハ船主又ハ船長ノ雇入

No.

レタル乗組員ノ疫病ニ因リ本船カ検疫、消毒ヲ命セラレ停船シタル場合ニ限リ傭船者ハ該停船日数ニ對スル傭船料ヲ引去リ仕払フモノトス但シ傭船者ニ於テ本船ヲ悪疫流行指定地ニ航行セシメタルトキハ此限ニアラス

第十六條　本契約中本船ノ破損、沈没、坐礁、衝突、火災其他不可抗力ノ為メニ航海ヲ為スコト能ハス又此場合ニ於テ代船ヲ補充スルコト能ハサルトキハ本契約ハ終了スルモノトス此場合ニ船主ニ於テ前収シタル傭船料アルトキハ日割勘定ヲ以テ傭船者ニ返却スヘシ

第十七條　船主ハ船長及ヒ乗組員ノ過失、懈怠又ハ本船カ航海

ヨ-0022　B列5　28字×10　南滿洲鐵道株式會社　(13. 9. 10,000 …)

No.

二堪ヘサルニ因リ生シタル損害ヲ賠償スル責アルモノトス
又傭船者カ特ニ取扱人ヲ乗組マシメ貨物及ヒ旅客ノ取扱ヲ為サシムル場合ト雖モ船長ハ之ヲ補助スルノ義務アルモノトス
第十八條　傭船者カ貨物及ヒ旅客ノ取扱ヲ船主ニ委託スルトキハ傭船者ハ第一條ニ規定セル傭船料ノ外別ニ事務長事務員及ヒ荷物方ノ給料手當賄料トシテ壹箇月金参百四拾九圓ヲ船主ニ支拂フヘシ此場合ニ於ケル支拂計算方ニ付テハ總テ傭船料ノ規定ニ準スルモノトス
第十九條　前條ニ依リ船主ニ於テ旅客ノ取扱ヲ受託シタルトキハ旅客用諸器物(壹貳等旅客用寝具ヲ含ム)ノ損料料理人並ニ給

No.

仕ノ食料給料被服料洗濯料ハ船主ノ負担トス但シ傭船者ハ旅客賄料トシテ實際ノ旅客人員ニ應シ左ノ割合ノ金額ヲ船主ニ支拂フヘシ

壹等　壹人壹日　金参圓六拾銭

貳等　壹人壹日　金貳圓五拾銭

参等　壹人壹日　金四拾五銭

第二十條　船主及船長其他ノ乗組員ハ傭船者ノ承認ヲ経スシテ一切郵便物貨物又ハ旅客ヲ搭載スルコトヲ得ス

第二十一條　船主及ヒ船長ハ本船ノ船体汽機汽罐及ヒ附属船具器具並ニ制規ノ海員ハ常ニ完全具備ナラシメ旅客及ヒ貨物ノ

No.

安全ヲ保持スルノ責任アルモノトス
第二十二條　本船ノ進退ニ付テハ總テ傭船者ノ指図ニ従フモノトス故ニ船長ハ航海者ノ危険ナリト認ムル場所ノ外傭船者ノ指定シタル地ニ回航シ正当ナル理由アルトキノ外之ヲ拒ムコトヲ得ス
第二十三條　船主ハ船長以下乗組員ヲシテ傭船者及ヒ其支店、出張所又ハ代理店ノ指図ニ従ハシメ毫モ不都合ノ所為ナカラシムヘシ
第二十四條　傭船者ハ船長以下乗組員中不適任ト認メタル者アルトキハ船主ニ其理由ヲ通知シ之ヲ更任セシムルコトヲ得

No.

第二十五條　傭船者ノ責任ヲ負フヘキ者ノ過失、懈怠ニ因リ本船又ハ附属ノ機械器具等ニ損害ヲ與ヘタル場合ニ於テハ其都直ニ船主又ハ船長ヨリ傭船者ニ其損害ノ状況ト損害ノ見積額トヲ通知シ傭船者ハ賠償ノ責ニ任スルモノトス

第二十一條　本契約ニ違背シ為メニ生シタル損害ハ總テ違約者ニ於テ賠償ノ責ニ任スヘシ

第二十七條　共同海損精算ノ場合ニハ「ヨーク、アントワープ」規則ニ據ルヘシ

右ノ條件ヲ契約シタルノ證トシテ本書貳通ヲ作リ双方記名捺印ノ上各其壹通ヲ保有スルモノ也

ヨ-C022　B列5　28字×10　南満洲鐵道株式會社

No.

明治四拾壹年七月貳拾壹日

清國大連兒玉町

傭船者　南滿洲鐵道株式會社

副總裁　中村是公　印

東京市麹町区有楽町壹町目壹番地

船主　日本郵船株式會社

取締役社長　近藤廉平　印

ヨ-0022　B列5　28字×10　南滿洲鐵道株式會社　(13. 9. 10,000)

No.

神戸丸傭船契約締結ノ件

庶甲第三九七號　明治四十三年七月七日起案

神戸丸引續傭入並ニ注意方ニ付依頼ノ件

案、

副總裁

東京　清野理事宛

從來日本郵船會社ヨリ傭入ノ神戸丸ハ来ル八月八日ヲ以テ傭船期限満了ト相成候處兼テ從前通リノ條件ヲ以テ引續キ八月九日ヨリ向フ一ケ年間傭船契約締結致度別紙之通リ郵船會社ヘ申進置候就テハ貴職ヨリ同社々員ニ直接御面會ノ上左ノ事項ト御注

ヨ-0022　B列5　28字×10　南滿洲鐵道株式會社　(13. 9. 10,000冊 鮎川納)

No.

意置通相願度候、

従来神戸丸乗組員ガ乗客ニ対スル待遇振並ニ食事、賄物種知等

ニツキテ屢々非難ノ声ヲ聞込ミ居リ候ニ付今後尚一層深重ノ注

意ヲ加ヘ候様郵船重役ヨリ該船乗組員ヘ可然申傳ヘラレタキコ

ト

右御通知旁御依頼申上候也

No.

埠船内第五七號

明治四十三年七月廿六日

南満洲鉄道株式會社
埠頭事務所長
横崎猪太郎（印）

本社

重役御中

拝啓

神戸丸傭船継続契約書ニ條項追加ノ件

同件ニ関シテハ曩時御報告申上ケ既ニ御諒認ヲ得候得共爲念東京郵船会社ト往復シタル電報左ニ御報告仕候

七月廿三日東京郵船会社宛発電（内十ム三）

神戸丸傭船契約書ノ内ニ本契約ハ傭船者ノ都合ニヨリ一ケ月

ヨ-0022　B列5　28字×10　南滿洲鐵道株式會社

No.

前ノ證書ヲ以テ何時ニテモ解除スル事ヲ得ルノ項目ヲ加ヘ継續スルコトニ承知願ヒ度

廿四日郵船会社返電

契約書項目追加ノ事ハ明日迄猶豫願フ、

廿五日郵船会社返電、

神戸丸継續契約ハ七月七日付第三〇号契約書通リ條約継續ヲ是迄同様ニテ一ヶ年間ノ契約ニ願ヒ度ク項目追加ノ事ハ見合セ願ヒ上ル委細ノ手紙出ス

右得貴意候、

敬具、

ヨ-0022　B列5　28字×10　南滿洲鐵道株式會社　(13. 9. 10,000 [illegible])

No.

神戸丸火災ニ関スル件

乙第五六八號（本件ニ関シ御通信ノ場合ハ必ズ本書番號及日附御記載被下度候）

大正二年五月二十一日

南満洲鐵道株式會社
埠頭事務所長　樋口ノ儀太郎　㊞

久保庶務課長殿

神戸丸失火ノ件

本日午前二時神戸丸ヨリ本船二番艙内火災ノ旨無線電信ニテ通知シ来リタルヲ以テ直チニ本船ニ打電シ其位置ヲ確カムルト同時諸般ノ消防準備ヲ整ヘ午前三時本船三山島沖十四浬ノ地点航行ノ通知ヲ得候ニ付円島丸檜島丸ヲシテ其救助ノ為メ本船ヘ急航セシメ申候午前四時五十分入港假泊スルヤ本船ニ至リ親シク臨検ヲ遂ケ候處殆ド鎮火シ危険ノ虞ナキヲ確メ候ヒシカバ其儘

No.

埠頭繋留ノコトニ取計ヒ申候、東寄郵便物ハ更ニ異状無御座候、
失火ノ原因ハ目下当埠頭繋留グレニタールレット船長及レニソン代立会審査ノ結果之番艙内タンクノ左舷側「バルクヘッド」ニ沿ヒ堆積セル油積ダンネージ用籾殻入鋸屑ノ自然発火ニ起因スルモノナルコト判明致候
損害ハ本船ニ於ハ僅カニフイリングパイプ、エヤーパイプ若干焼失シタルニ過ギサルモ積荷ハ消火ニ海水注入シタル為メ尠ナカラサル濡荷ヲ生シ候損害額ハ目下取調中ニ候
本事件ニツキ発着電信写御参考マテ添付致候
不取敢右及御報告候也

No.

神戸丸傭船解約ノ件

大正二年七月廿八日起案

副総裁

東京支社

総裁宛

（一）内暗号ノ事

神戸丸ハ来月八日契約満期ノ処田中ハ尚継続使用シ三船ニテ三度ノ急行ニ接続セシメタシトノ意見ナルモ多数ノ考ニテハ差向ノ処左程ノ必要モナカルベキニ付此際解約シタキ希望ナリ何分ノ御指図願フ但シ傭継グコトヽスレバ神戸西京二艘ニテ約十万円一艘トスレバ約三万五千円ノ損失トナルベシ尤モ神戸丸ノ損失ハ此外ニテ約二十四万円ノ見込

ヨ-0022　B列5　28字×10　南満洲鐵道株式會社　（13.9.10,000冊）

No.

発信者名	東京　総裁
受信者名	副総裁
発着時間	大正二年七月二十九日　午后二時十五分　発

神戸丸傭継ノ件一應田中理事ノ意見詳細承知シタシ

ヨ-0022　B列5　28字×10　南満洲鐵道株式會社　(13.9. 10,000冊 鮎川納)

重役

七月二十九日午後六時発信済

副総裁

（　）中暗号

総裁

神戸丸傭継ニ付キ田中ノ意見ハシベリヤ中鉄道ノ乗客ハ年ニ増加スルモワゴンリイハ毎回殆ト満員ニテ最早増加ノ余地少キカ故スヲートカーノ乗客ハ今後年ニ増加スヘキハ明ナリ加之ナラス神戸丸ヨリ上海航路ヨリ外シ多リトテ外ニ荷物船ヲ加フルノ必要アルヘケレハ多少損失アリ増加スルモ此際一週三回ノシベリヤ急行車ニ接続シ且ツ余分ノ荷物モ此定期船ニテ運送シタキ考ナリ

No.

ヨ-0022　B列5　28字×10　南満洲鐵道株式會社　（13. 9. 10,000 冊 鮎川謹）

No.

発信者名	総裁
受信者名	副総裁
発着日時	大正二年七月三十日 午ゴ九時十分発 午ゴ十時廿五分着

神戸丸ノ件田中理事意見尤ト考フルモ現ニ二隻ニテ船腹不足ト云フ訳ニモアラネバ多額ノ損失ヲ忍ビ今急ニ三隻トスル必要モナカルヘキ歟ニ思ハル、ニ付暫ク従来ノ通二隻ニテ聯絡ヲ繋ギ機ヲ見テ田中理事意見ノ通リ増船スルコト、シ此際神戸丸ハ解約スル方得策ト思フニ付田中理事ニモ此儀御話願フ、

ヲ-0022　B列5　28字×10　南満洲鉄道株式會社　（13. 9. 10,000 ...）

No.

大正三年七月三十一日起案

〃

副總裁　午後〇時五十分発送　発信

東京

總裁宛

貴電見タ田中ノ意見左ノ通リ。榊丸ハ純然タル客船ニテ荷物積載量僅ニ重量約六百噸ナルモ神戸丸ハ約千五百噸ナリ故ニ神戸ヲノケレバ船腹ノ不足ハ明瞭ニテスグサマ荷物船ヲカヘル必要起ルヘシ夫ニテモ支ヘナキトノ御意見ナレバ神戸解約ハ貴方ニテ御手配願ヒタシ。

ヨ-0022　B列5　28字×10　南満洲鐵道株式會社　(13. 9. 10,000)

No.

大正二年七月三十一日起案

〃　田中理事　後五時三十分発信　発送

総裁宛

先刻ハ（副総裁）ヨリ小生ノ意見電セラレシ所若シ定メトスルコトトナレバ定期船ノ日取其他ノ関係上西京丸モ神戸ヲ使用スル方都合宜シキ故神戸ノ代リニ西京丸ハ八月十三日限リ大連ニテ解傭スルコトニ郵船ヘ御交渉願フ様ニ致シ度ト思フ此事ハ一同モ異議ナシ、

大正二年七月三十一日起案

副総裁

電報案

総裁宛

田中ノ意見ハ前電ノ通リナルモ貴電ノ如ク榊外一艘ヲ以テ暫ク実際ノ状況ヲ見ル方大体ニ於テ穏当ナラントカト思考ス尚右ノ場合ニハ定期検査ノ日取リ其他ノ関係上西京ヨリモ神戸ヲ使用スル方都合宜布故神戸ヲ止メル代リニ西京ヲ八月十三日限リ大連ニテ解傭スル様郵船ヘ御交渉願タシ、

No.

ヨ-0022　B列5　23字×10　南満洲鐵道株式會社　(13. 9. 10,000冊 給川納)

No.

発信者名 総裁

受信者名 副総裁

発着時日 大正二年八月[illegible]日 発

貴電並ニ田中理事電見タ実際船腹不足ノ場合ニ於テ三隻トスルコトハ素ヨリ異議ナキモ多大ノ損失ヲ忍ンデ直ニ従来ノ二隻ヲ三隻ニ増加スルコトハ一考ヲ要スベキコト、思フニ付暫ク従来ノ通リ二隻ニテ継続シ三隻ヲ必要トスル見込確立シタル時ニ於テ相当ノ船舶ヲ傭入ルヽコトトシ一ト先従来ノ通リ二隻ニテ聯絡ヲ保ツコトトシタシ神戸ノ代リ西京ヲ解傭スルコト異議ナシ郵船ノ方ハ其積ニテ交渉スベシ、

(5-9)

No.

上海航路船青島寄港ノ件(大正三年)

B. 一六八〇ノ八 庶務課長

大正三年十一月二十三日

南満洲鉄道株式会社

埠頭事務所長 樋崎猪太郎

東京支社

岡本芳二郎殿

神戸丸青島寄港ノ件

拝啓

青島ノ攻略ハ意外ノ好成績ヲ以テ進捗シ終芽出度ク開城ノ運ニ立至リ候事誠ニ邦家ノ為メ御同慶ノ至ニ不堪候就而従来欧亜

No.

聯絡ノ連鎖トシテ上海大連間ニ榊、神戸ノ貳船ヲ就航被致居候ヲ利用シ青島ノ開放ヲ俟テ各船共往復航何レカ一度宛今地ニ寄港セシメ以テ一層右連絡ノ実ヲ挙クルト今時ニ我帝國新占領地ノ開発ニ努メ度ク不日之カ実行ヲナサシメントノ計畫ニ有之候、然ル處神戸丸傭船契約第四條ニハ本船ノ航行區域ヲ大連上海間ト限定有之候為メ右寄港開始ニ先チ豫メ郵船ノ承諾ヲ得置ク必要有之候間御手数乍恐縮右先方ニ御掛合ノ上可然御取計被成下度御願申上候

尚先方ノ意向判明次第至急電報ヲ以テ御一報被下度併テ御願申上候

敬具

ヲ-2022　B列5　28字×10　南滿洲鐵道株式會社　（13.9.10,000）

寫

No.

文文第三七五號ノ二

大正三年十一月二十日

南満洲鐵道株式會社東京支社

岡本　芳二郎

楢崎埠頭事務所長殿

本月廿三日附B第一六八〇号ヲ以テ神戸丸青島寄港ノ件御申越ノ趣拝誦郵船會社ノ意見問紹申候處同地ハ同一航路区域ニ有之候事故通知而已ニテ差支無之旨回答ヲ得申候ニ付別紙写ノ通リ通知書差出置候尚御回答旁御通知申上候也

追テ榊丸ニ関シ在京海事協会ヘモ問合ノ形式ヲ以テ口頭通知致候處亦異存ナキ旨回答ヲ得候ニ付申添候

3

ヨ-0022　B列5　28字×10　南満洲鐵道株式會社　(13. 9. 10,000部 鮎川納)

No.

支大第三七五號

謹啓　貴社愈々御隆盛奉賀候陳者従来借用罷在候大連上海間連絡船神戸丸ヲ青島航路（用船）後今地ニ寄港セシメ度候ニ付何卒御承諾被成下度同船傭船契約第四條ニ依リ為念此段御通知旁得貴意候

敬具

大正三年十一月三十日

南満洲鐵道株式会社

総裁　男爵　中村雄次郎

日本郵船株式会社

社長　男爵　近藤廉平殿

ヨ-0022　B列5　28字×10　南滿洲鐵道株式會社　（13.9.10,000冊 鮎川納）

寫

寫　庶務課長、

大正三年十一月五日、

安文第三七五ノ三

岡本芳二郎

[illegible]埠頭事務所長殿

客月廿三日附第一六八〇号ヲ以テ神戸丸青島寄港ノ件御申越ニ對シ去ル三十日附安文第三七五号ノ一ヘ對以テ得貴意置候處本日別紙寫之通リ日本郵船ヨリ回答越候ニ付右御通牒申上候也、

55

ヨ-C022　B列5　28字×10　南滿洲鐵道株式會社　（13. 9. 10,000 [illegible]）

寫

No.

拝復 貴社益々御繁栄奉賀候

貴社大連上海間連絡船トシテ御使用中ノ弊社汽船神戸丸ヲ青島開放後同地ニ寄港セシメラレ度旨客月三十日付文書三七五号ヲ以テ御申越ノ趣拝承仕候右ハ御来示ノ通リ差支無之候此段御回答迄得貴意候 敬具

大正三年十二月三日

日本郵船株式会社社長男爵 近藤廉平

南満洲鉄道株式会社総裁男爵中村雄次郎殿

追テ青島ハ戦後間モナキコトニテ水雷其他戦時施設ノ危険可有之存候ニ付之カ為メニ損害ヲ蒙リ候場合ニハ貴社ニ於テ御負

6

ヨ-0022 B列5 28字×10 南満洲鉄道株式会社 (13.9.10,000冊 鮎川納)

No.

擾ノコトニ豫メ御承認被成下度此段申添候

7

ヨ-0022　B列5　28字×10　南満洲鐵道株式會社　(13. 9. 10,000冊 鮎川納)

(61)

明治四十五年六月

北清輪船公司営業概要

第一、設立ノ目的

大連港ヲ中心トシテ北支那沿岸諸港間ノ旅客及ヒ貨物ノ運輸ヲ営ムノ目的ヲ以テ明治四十四年六月当公司ヲ設立セリ

第二　営業ノ組織

河邊勝及ヒ田中末雄二名ノ組合トス

No.

現在営業所左ノ如シ

本店　大連市東郷町松茂洋行内

大連貨客取扱所　加賀町田中商会内

出張所　安東縣　龍口

代理店　旅順、芝罘、登州府、天津、

第三、航路

関東都督府命令ニ據ル定期航路左ノ如シ

甲、大連芝罘安東縣天津線

大連ヲ起点トシ芝罘ニ至リ大連ヲ経テ安東縣ニ至リ大連ヲ経テ天津ニ至リ大連ニ帰港スルヲ一航海トシ之レニ要スル日数各港

1-2022　B列5　28字×10　南滿洲鐵道株式會社

No.

碇泊日数共十四日トス
冬季ハ大連芝罘營口間一ケ月二回以上ノ定期航海ヲ為スモノトス

乙、大連龍口線

大連ヲ起点トシ旅順登州府ヲ経テ龍口ニ至リ龍口ヨリ石虎嘴ニ至リ龍口ニ帰航シ復航ハ龍口ヨリ登州府旅順ヲ経テ大連ニ帰着ス此航海日数各港間碇泊日数共五日間トス

第四 使用汽船

前甲線ニ使用シツツアル汽船ハ北支那沿岸運航ノ為メ昨年特ニ新造シタル天潮丸及ヒ済運丸ノ二隻ニシテ其ノ明細左ノ如シ

No.

天潮丸（製造者香港造船所、船價金貳拾七萬五千円）

總噸数　一、三〇八噸

ロイド等級　一〇〇A I

長幅深　長二四八呎五幅三六呎深一六呎六

甲板　二層

艙口　四個所

吃水　重量貨物満載平均一二呎六吋

速力　最大一一浬3/4平均一〇浬

客室　一等五室一〇人二等一室八人

電燈暖房裝置ヲ有ス

No.

清運丸（製造者大阪鉄工所・船価弐拾壱万五千円）

総噸数　一、一三八噸

ロイド等級　一〇〇AI

長幅深　長二二五呎幅三三呎六吋深一七呎

甲板　二層

艙口　四個所

吃水　空量不搭載平均一二呎六吋

速力　最大一二浬

客室　一等五室一〇人　二等一室八人

電燈暖房装置ヲ有ス

ヨ-2022　B列5　28字×10　南滿洲鐵道株式會社　（13. 9. 10,000 冊 館川納）

No.

乙線大連龍口間使用船（注）ハ左ノ如シ

龍平丸（明治四十三年大阪鐵工所製造　船價金拾參萬五千円）

總噸數　七五七噸

長幅深　長一八六呎九　幅二六呎二　深一八呎一

甲板　二層

艙口　三個所

吃水　重量品滿載平均一五呎

速力　最大一一浬平均一〇浬

客室　一等四室八人　二等一室二八人

第五、關東都督府補助金

甲線（天潮丸、濟通丸）ニ對シ一ヶ年金四萬円乙線（龍平丸）ニ對シ一ヶ年金壱萬七千七百円合計金五萬七千七百円ノ補助金ヲ下附セラル

第六、營業成績

甲線ニ在リテハ昨年六月汽船福星丸（總噸數七八九噸）ヲ以テ關東都督府ヨリ一ヶ年金壱萬六千円ノ補助金ヲ受ケ定期航海ヲ開始シタリシカ同船ハ貨物積載力ノ小ナルト設備ノ完全ナラサル為成績良好ナラズ同年末ニ於テ八千五百八拾五円余ノ損失トナレリ又本年一月濟通丸廻航後ハ福星丸ニ代ユルニ同船ヲ以テシ前年迄都督府冬季航路タリシ大連芝罘間ノ航海ニ從事シタ

No.

此ノ航路ハ又満鐵會社トノ運輸事業ト密接ノ関係ヲ有シ尚將来拡張ノ必要ヲ認メラレタルヲ以テ満鐵會社ニ於テモ當公司ノ事業遂行上大ナル便宜ヲ供セラルルニ至リ大連天津芝罘安東縣間ノ航路ニ充ツル為メニハ大阪鉄工所ニ於テ製造セシメタル汽船済通丸（總一、一三八噸）ヲ一定ノ契約ノ下ニ當公司ニ貸渡スコトトナリ同年十二月同船廻航後直チニ當公司ニ借受ケ福星丸ト代ヘシメ續ヒテ翌明治四十五年二月香港造船所ニ於テ新造セル汽船天潮丸（總一、三〇〇噸）ヲ済通丸ト同ジク當公司ニ於テ使用スルコトトナリタルヲ以テ従来福星丸一隻ニテ従事シツツアリシ大連芝罘安東縣天津間ノ航路ハ明治四十五年四月ヨリ天潮丸済通丸

No.

月約壱万弐千円ヲ要スルノミナラズ事業ノ進捗スルト同時ニ諸般ノ施設ヲ遂行セザル可ラザルモノアル等ノ為メ一ケ年ヲ通シテ果シテ如何ナル成績ヲ来ス可キカハ今茲ニ予知シ難シ

然リト雖北支那方面ニ於ケル貨客ノ出入ハ年々増進シ特ニ天津ノ如キハ昨年来綿花落花生亜麻仁其他農産物ノ輸出非常ニ増加シ日本行貨物ハ船腹ノ不足ヲ告グルモノアルヲ以テ当公司ハ天津輸出入品ノ一部ヲ大連ニ於テ接続輸送シ又台湾上海方面ヨリ北支那方面ヘ輸入スルモノニ対シテモ大連ニ於テ当公司船ニ接続シ大連ヲ北支那ニ於ケル仲継港トシテ活用スルノ手続ニ就イテ絶ヘズ講究シ且ツ実施シツツアレハ此等ノ接続貨物ハ少ズ

No.

ヤ漸次増加スルニ至ルヘシ
龍口航路ハ南満ト山東省トノ交通貿易上ニ資スル為メ一昨年開始シタルモノナルガ大連ヨリハ石炭麦粉其他雑貨ノ龍口ヲ通シテ山東内地ニ輸入セラルルモノ年々増加シ概シテ好影響ヲ及ホシツツアリ又龍口以西沿岸ノ開拓ハ将来有望ノ事業ニシテ沿岸土民ノ歓迎スルトコロナルヲ以テ本年五月壽公司ハ龍口ノ商賈ト協同シテ小型汽船龍富丸ヲ購入シ龍口ヨリ小清河ノ河口羊角溝迄航路ヲ延長シ以テ大連ト小清河ノ上流済南府トノ交通ヲ便ナラシメンコトニ努メ既ニ数回ノ航海ヲ試ミタルニ其結果良好ナリ

No.

第七、天津ニ於ケル施設

天津貿易ノ增進ニ連レ同地邦商人ハ天津日本内地間ノ輸送機関ノ不備ニ著シク感スルニ至レルモノノ如シ又同地ニ於テハ外国汽船会社専用以外ノ倉庫ナルモノ殆ンド皆無ニシテ本邦貿易者ハ常ニ金融上ノ不便ヲ訴ヘツツアリ当公司ハ此ノ実况ニ鑑ミ先ツ天津ヨリ日本向輸出スル貨物ニ対シテハ大阪商船会社ト商議シテ大連ニ於テ大阪商船毎定期船ニ貳百噸迄ヲ接續セシムルコトトナリ本月ヨリ実施シ又金融上ノ便宜ヲ計ラン為メ佛租界碼頭当公司汽船繋留場附近ニ貳百坪ノ倉庫一棟ヲ新築シ本月下旬ヨリ一般貨物保管ノ業務ヲ開始スルコトトセリ此業務ハ積

No.

浜正金銀行ノ活動ト相俟テ日本商人ニ至大ノ便益ヲ供シ得ヘキモノト思惟ス

天津ニ於テハ以上ノ外今谷溜邊租界河岸ニ六千余坪ノ土地ヲ購入シタリ将来ハ同河岸ニ汽船ヲ繋留シ稍ヤ大規模ノ倉庫ヲ建築スルノ計画ナリ

第八　大連接續貨物

天津輸出日本行貨物ニ付大阪商船会社ト協議シ実施スルニ至レルコトハ前記ノ如クナルガ芝罘其他各港間トノ連絡ニ就テモ亦同様ノ方法ヲ講シツツアリ

他ニ大阪商船会社ト台湾総督府ノ命令ニ據リ本年二隻ノ汽船ヲ

ヨ-022　B列5　23字×10　南満洲鐵道株式會社

No.

以テ打狗天津間ノ定期航海ヲ開始シタルガ太沽沖ノ積卸頗ル不便ナルヲ以テ同航路ハ大連止ナトナシ大連天津ノ貨物ハ大連ニ於テ本公司船ニ積替輸送スルヲ相互ノ便益ナリトシ目下総督府ニ伺ヒテ同航路一部変更ノ義ヲ稟申シツツアリ

要スルニ大連ヲ北支那ニ於ケル仲継港タラシムルコトハ急速ニ其目的ヲ達スルコト能ハザルベキモ北支那方面ニ於ケル海運業ハ年々隆盛トナリ將来拡張ノ余地十分ニ存スルヲ以テ今ニ於テ予メ備フルトコロアラバ本方面ノ航運権ヲ本邦人ノ掌裡ニ收ヘルコト決シテ不可能ノ事ニアラザルヘシ

本公司ハ前記ノ如ク大連接続貨物ノ取扱ニ就テ百方努力シツツ

ヨ-5022　B列5　28字×10　南満洲鐵道株式會社

No.

アレドモ現在ノ状況ニアリテモ尚ホ汽船ノ不足ヲ感スルヲ以テ目下五百噸型ノモノ一隻ヲ新造シツツアリ又別ニ弐千噸型ノモノ一隻ヲ購入スベク夫々進行中ナリ

No.

大正二年一月二十日

大連汽船合名会社設立ノ件

北清輪船公司ヨリ今ノ合名会社ニ変更シタル当時ノ書類ハ当庁ニ於テ見当リ不申大連汽船ノ河辺氏ニ就テ聞合セタル処右ハ書類ヲ以テ御承認ヲ得タル義ニハ無之重役トノ相談ノ上ニ取極メ其上ニテ書面ヲ以テ御届申上ケタル由ニテ念ノ為メ別紙写取リ御高覧ニ供シ候（極秘）

No.

御届

今般大連汽船合名会社ヲ新設仕リ茲ニ付テハ従来営業シ来レル北清輪船公司ハ本日限リ同公司ニ於テ経営シタリシ一切ノ業務並権利義務ヲ其侭新会社ニ継承シテ従来ノ通リ大連ヲ中心トスル芝罘、安東、天津間ノ定期航海ヲ経営可仕候ニ付此段御届ニ及ビ候也

大正二年一月二十日

大連監部通リ一丁目二十六番地

大連汽船合名会社

ヨ－022　B列5　28字×10　南満洲鐵道株式會社

No.

社員　河辺勝

〃　田中末雄

南満洲鉄道株式会社

総裁　中村是公殿

北清輪船公司

河辺　勝

大正元年十二月二十七日

南満洲鉄道株式会社

御中

当公司ノ組織ヲ別冊ノ通リ合名会社トナシ称号ヲ大連汽船合名会社ト改メ来ル一月ヨリ新設事務所ニ於テ一切ノ業務取扱ノ事ニ可仕候間此段予メ御承知被成下度候也

追テ新事務所ヘ移転ノ儀ハ一月十日頃ノ予定ニ御座候得共確定

No.

ノ上ハ直ニ御報告可申上又移轉ノ際現組合ヲ解散スル筈ニ御座候ニ付是亦御承知置被下度候

（別册）

大連汽船合名會社定款

第一條　本會社ハ汽船ヲ以テ貨物及ヒ旅客ノ運輸ヲナシ且ツ之ニ附帯スル事業ヲ営ムヲ以テ目的トス

第二條　本會社ハ大連汽船合名會社ト稱ス

第三條　本會社ノ本店ハ左記場所トス

大連市東郷町二丁目二十六番地

No.

河辺勝

大連市加賀町拾八番地

田中末雄

第四条　本会社ハ本店ヲ大連市監部通一丁目二十六番地ニ設置ス

第五条　本会社ノ資本金ヲ金拾万円トシ社員各自五万円ヲ出資スルモノトス

第六条　前条ノ出資金ハ営業ノ必要ニ応シ社員協議ノ上払込ノ時期及金額ヲ決定スルモノトス

第七条　本会社ハ南満州鉄道株式会社ガ指定セル期間後一年

ヨ－022　B列5　28字×10　南滿洲鐵道株式會社

No.

ノ署キ重要ナル事件ハ其同意ヲ得テ執行スルモノトス

第八條　各社員ハ当会社ヲ代表シ業務ヲ執行スルモノトス

但、重要ナル事項ハ社員ノ協議ノ上執行スルモノト

ス若シ双方ノ協議纏ラザルトキハ相談役ノ決裁ヲ受ク

ルモノトス

第九條　前條ノ但書ニ據リ協定シタル事項ハ決議録ニ記載シ社

員双方記名調印ノ上本店ニ備ヘ置クモノトス

第拾條　営業所ノ移轉存廃使用人ノ任免ハ社員協議ノ上之ヲ施

行スルモノトス

第拾壱條　各社員ハ他ノ組合員ノ承諾ヲ得ルニアラザレバ其持分

No.

ヲ処分スルコトヲ得ズ

第拾弐條　各社員ハ他ノ社員及相続人ノ承諾アルニ非レバ当会社ト同種ノ営業ヲ目的トスル他ノ会社ノ無限責任社員トナルコトヲ得ズ且ツ自己又ハ他人ノ利益ノ為ニ当会社ノ営業部類ニ属スル商行為ヲ為スヘカラズ

第拾参條　当会社ノ決算ハ毎年十月末日ニ於テ之ヲ行フ

第拾四條　当会社ガ解散シタルトキハ社員共同シテ清算ス

大正元年十二月二十五日

大連市東郷町弐丁目弐拾三番地

河辺勝

ヲ-2022　B列5　28字×10　南満洲鐵道株式會社　(13. 9. 10,000 ...)

No.

大连市加贺町拾八号地

田中秀雄

ヨ-0022　B列5　28字×10　南満洲鐵道株式會社　(13. 9. 10,000 語 結川納)

No.

北满輪船公司営業報告書

明治四十五年一月ヨリ大正元年十二月迄過去一ケ年間ノ営業状況ハ其創始期ニ属スルヲ以テ収支計算ニ於テ相償フ能ハサリシモ今現下ノ趨勢ニ拠リ将来ヲ想像スルトキハ益発展ノ傾向ヲ呈シツヽアルト云フニ憚ラサルナリ尚一般沿岸貿易ノ進ムニ伴フテ従来ノ戎克輸送ノ危険ヲ避ケ安全ナル運輸機関ニ頼ラントスルノ希望ハ時運ノ趨ラシムル処ニシテ取引業者間一般ノ脳裡ニ向上シツヽアルハ争フヘカラサルノ事実ナリ

今吾期間営業成績ヲ表示スルコト左ノ如シ

No.

損益勘定表

利益之部

科目	金額
航路補助金収入	三六、四〇〇、〇〇〇円
貨物運賃収入	一一三、〇一五、一五〇円
乗客運賃収入	三八、一七七、〇六〇
傭船料収入	一〇、九七三、一四〇
雑収入	一、七一五、三一〇
差引本期純損	二四、四三七、八四二
合計	二二四、七一八、五〇二円

損失之部

科目	金額
本航費	七五二六、八九〇円
船費	二四、二〇八、〇二二
滞港用船費	一、五四一、七五〇
利息	一、四四一、八四〇
合計	二二四、七一八、五〇二円

No.

資産負債表

負債之部

科目	金額
出資金	二〇、〇〇〇、〇〇〇円
特別積立金	五、八六八、七五〇
船舶修繕積立金	八、一四九、九二〇
借入金（満鉄ヨリ）	一二八、〇〇〇、〇〇〇
仮受金	一、〇〇五、〇〇〇

資産之部

科目	金額
地所建物	六八、四八二、七〇〇円
什器及備品	七、二三五、〇〇〇
航路補助金收入	二、〇〇〇、〇〇〇
他店貸	一〇、一九一、三二〇
仮払金	四〇、三〇七、二九八
資産預金	一、三六二、五一〇
現金	四二五、〇七五

ヨ－022　B列5　28字×10　南満洲鐵道株式會社　（13.9.10,000冊）

No.

合計	一六三、〇二三、六八〇円

前期損失繰越	八、五八一、九三五円
当期損失金	二四、四三七、八四二
合計	一六三、〇二三、六八〇円

当公司ノ本社ヲ除ク各地ノ営業所ハ左ノ如シ

出張所　安東　錦北清輪船公司安東分公司

代理店　芝罘、岩城商会

〃　天津、三井物産株式会社支店

〃　営口、東和公司

〃　仁川、仁和洋行

倉庫部　天津仏租界　天津倉庫

テ-2022　B列5　28字×10　南満洲鐵道株式會社　(13.9.10,000 ...)

No.

右ノ内安東出張所及芝罘天津営口仁川ノ各代理店ハ総テ船舶ニ関スル取扱ヲナシ天津営業部ハ営業ニ関スル取扱ヲノミナスモノトス

使用汽船

済通丸ハ明治四十四年十二月二十日大阪港ヲ抜錨シ若松仁川ニ寄航シテ一月四日大連港ニ廻航シ爾来直チニ沿岸ノ運航ヲ開始シテ二月ヨリ定期ニ就ケリ本船ハ総噸数壱千四百参拾八噸八五平均吃水拾壱呎半ニシテ積載力ハ安東木材弐千連（弐連半壱噸建）石炭九百噸雑貨壱千参百噸別ニ旅客（デッキパッセンジャー）壱千五百

No.

人、通常旅客六拾人（現在ノ設備ニテ壱等拾人、参等五拾人）ヲ容レ速力ハ試運転当時空船六回ノ平均拾壱海里参〇弐、積荷参回ノ平均九海里五参参五ニシテ平均拾海里ヨリ拾海里半ヲ航走シ之ニ要スル燃料ハ一昼夜平均拾五噸乃至拾七噸トス

天潮丸ハ明治四十五年二月末ヲ以テ香港ヨリ回航シ来リ三月中旬ヨリ航海ヲ開始シ四月ヨリ定期ニ就ケリ

本船ハ総噸数壱千参百噸八八、平均吃水拾壱呎半ニシテ積載力ハ安東木材弐千五百連（弐連半壱噸連）石炭壱千参百噸雑貨壱千参百噸、別ニ旅客弐千人、通常旅客七拾人（現在設備ニテ壱等拾人、参等六拾人）ヲ容レ速力ハ試運転当時空船六回ノ平均拾海里七八、積荷参

ヨ-2022　B列5　23字×10　南満洲鐵道株式會社　(13.9. 10,000冊)

No.

回ノ平均九海里九七ニシテ通常拾海里乃至拾壱海里ヲ航走シ之ニ要スル燃料ハ一昼夜平均拾五噸乃至拾六噸トス。

運搬状況

一月二月ノ両月間ハ済通丸ヲ以テ大連芝罘仁川間ヲ三月ハ大連芝罘、天津、営口及安東間ヲ運航セシメ又天潮丸ヲ以テ大連上海間壱回、大連芝罘、安東間壱回ヲ運航セシメ四月ヨリハ済通、天潮ノ弐隻ヲ以テ関東都督府命令航路トシテ大連芝罘、安東、天津間ノ定期航海ヲ開始セリ

最初二ヶ月間ノ運航ハ済通丸壱隻ヲ以テ僅少ノ貨物乗客ヲ輸送

ヨ-022　B列5　28字×10　南満洲鐵道株式會社　(13.9. 10,000冊 ...)

No.

セシニ止ルト雖モ三月ヨリハ天津安東両地ハ解氷ト同時ニ一般ノ取引覚醒時季ニ入リタルヲ以テ貨物旅客俱ニ其数ヲ増シ殊ニ湧通、天潮ノ両船ハ其新造船ニシテ船体ノ堅牢ナルノミナラズ諸般ノ設備モ亦相具備セルノ故ヲ以テ貨主旅客ハ大ニ本船ヲ歓迎スルノ傾向アリタル結果漸次輸送上ニ好況ヲ呈スルニ至レリ

過去一ケ年間ニ於テ大連ヲ起点トシテ湧通丸ハ芝罘ニ弐拾九回、安東ニ拾七回、天津ニ拾八回、秦皇島ニ参回、仁川ニ六回、青島ニ壱回ヲ、天潮丸ハ上海ニ壱回、芝罘ニ拾参回、安東ニ拾七回、天津ニ拾六回、神戸（経由若松仁川）ニ壱回、長崎（経由若松仁川）ニ壱回ヲ航行シ此間ニ取扱タル旅客貨物ノ数量運賃ハ左ノ如シ

旅客之部

湯通線	人数	一三、四六四人
	運賃	二〇、八一三、〇三円
天潮線	人数	一〇、七三八人
	運賃	一七、三六二、〇三円
合計	人数	二四、二〇二人
	運賃	三八、一七七、〇六円

貨物之部

湯通線	件数	六一、四四三件
	運賃	五〇、九六〇、五四円
天潮線	件数	九五、五九六件
	運賃	六〇、九五四、五四円
合計	件数	一五七、〇三九件
	運賃	一一一、九一五、〇八円

ヨ－1022　B列5　28字×10　南滿洲鐵道株式會社

No.

航路補助金

関東都督府ノ命令ノ下ニ定期ヲ以テ運航セル両船ハ航路補助金トシテ二月ト三月ト、二ヶ月間、揚運丸一隻一ヶ月金壱千六百円宛、四月ヨリ十一月迄八ヶ月間ハ両船一ヶ月金四千円宛、十二月ハ揚運丸一隻金弐千円ノ下附ヲ受ケシヲ以テ揚運丸ハ十二ヶ月間ニ弐万壱千弐百円ヲ天潮丸ハ八ヶ月間ニ壱万五千弐百円ヲ收受セリ然ルニ天潮丸ガ五月中西京丸代船トシテ上海航路ニ就キタル間ハ補助金ノ下附ヲ受ケズ茲ニ六月ニハ一航海欠航セルヲ以テ定額弐千円ノ内八百円ヲ減額サレタル為ニ上記ノ算出ヲ見タル所以ナリ

No.

陸軍御用船

大正元年九月一日ヨリ協通丸天潮丸ノ二隻ヲ陸軍運輸部御用船トシテ船腹ノ一部ヲ（平常十分ノ一）随時提供スルノ契約ヲナセシニヨリ九月ニハ協通丸弐百弐拾七噸、天潮丸五百八拾五噸、十月ニハ協通丸九百四拾五噸、天潮丸壱千六百九拾噸、十一月ニハ協通丸弐百弐拾七噸、天潮丸参百九拾噸合計四千〇六拾四噸ヲ提供シテ軍隊軍需品及電柱等ヲ輸送シタリ然ルニ之ガ為メ両船ノ主要貨物タル安東木材ハ其積載量ヲ軽減セシヲ以テ従テ運賃ノ収入ニ減額ヲ来シタリ殊ニ結氷前ニ於テ旅客ノ往復貨物ノ輸送頻繁ニシテ而モ運賃昂騰ノ時ニ際シテ両船ノ協船積載力約四隻分

No.

ヲ低減セシノミナラズ債主ニ對シテハ契約ノ積荷数量ヲ変更セシタリ弁償金ヲ仕払ヒタル等ヲ以テ其営業上ニ及シタル打撃ハ決シテ僅少ナラザルナリ故ニ將來ハ陸軍運輸部ノ傭船契約ヲ改更スヘク目下交渉中ニ属ス

傭船料

明治四十五年五月上海航路西京丸代船トシテ天潮丸ヲ満鉄会社ニ傭船シタルト協運、天潮ノ両船船腹ヲ運輸部ニ提供シタルヲ以テ協運丸壹千参百拾五円参拾六銭、天潮丸九千四百参拾円八拾銭合計壹万七百四拾六円拾六銭ノ収入アリ此内協運丸ハ全部運輸

No.

郎ニ属シ天潮丸ハ満鉄傭船料七千九拾参円参拾参銭是於郎弐千参百参拾七円参拾七銭ノ二種ニ属セリ

船費

船費ハ清道丸拾万八千参百参拾五円九拾壱銭七厘天潮丸拾万五千八百七拾弐円拾銭五厘合計弐拾壱万四千弐百〇八円弐銭弐厘ナリ、

天津倉庫

天津貿易ノ増進ニ伴ヒ金融上ノ便宜ヲ図ルノ目的ヲ以テ同地佛租界碼頭壱公司汽船繋留場附近ニ面積弐百坪ノ倉庫壱棟ヲ新築

No.

シ六月下旬ヨリ貨物保管ノ倉庫営業ヲ開始スルコトトセシニ開業当初二三ケ月間ハ閑散ナリシモ倉庫業務ノ利便ガ認識サルルト共ニ九月ニ至リテハ保管ノ申込数著シク増加セシヲ以テ更ニ支那街ニ一棟ノ倉庫ヲ賃借シテ需要ニ応スルコトトセリ而シテ七月ヨリ十二月迄六ケ月間ニ於ケル保管貨物ノ数量及料金ハ

数量 ｛一五五、五二八個
　　 ｛二〇一、〇〇〇斤

料金　一、二六一、円五八

ニシテ過去六ケ月間ノ状況ニ由リテ将来ヲ推測スルニ本業ノ前途ハ決シテ悲観スベキモノニアラズ経営其宜ヲ得レバ十分将来ニ於ケル経営上ノ必要機関タルベキ見込アリ　尚独逸租界河岸

ヨ-022　B列5　28字×10　南満洲鉄道株式会社　(13. 9. 10,000冊 納用紙)

No.

ニ約六千余坪ノ地所ヲ購入シタルヲ以テ将来ハ同河岸ニ汽船繋場ノ設備ヲナスト共ニ之ニ伴フ倉庫ヲ建設スルノ希望ナリ

本期間ニ於ケル天津倉庫ノ決算ハ事創業ニ属シ其取扱金額モ僅少ナルヲ以テ他店勘定ノ儘未決算トシテ翌年計ニ繰越セリ

接続貨物

大連天津間ノ定期航路ヲ開始シタル結果ハ良好ニシテ従来両地間ノ交通ハ全然鉄路ノ便ニ依ルカ或ハ日本郵船ノ営口寄航船ニ依ルノ外途ナカリシモ本航路ノ開通セラルルヤ旅客ハ漸次其数ヲ増シ殊ニ日本若クハ朝鮮行ノ棉花棉実等天津輸出ノ重要品ハ

No.

大連接續トシテ本航路ヲ利用スルコトトナリタリ然レドモ只日本行貨物ニシテ大阪商船ト協定セシ接續モ同社ノ定期船ノミニテハ充分ナル連絡運輸ヲ実行スルコト能ハザルハ常ニ遺憾トスル所ナリ而シテ四月ヨリ十一月マデノ八ケ月間ニ接續シタル天津輸出貨物ハ左ノ如シ

湯崗丸　五、三二三個

天潮丸　七、五四二〃

合計　一二、八六五〃

尚天津芝罘、天津龍口間ノ輸送貨物ヲ大連ニテ接續トシテ取扱フベキモノアリト雖モ其数量ハ極メテ僅少ニシテ特筆スヘキモノ

No.

ナキヲ以テ之ヲ省略ス　一旅客モ亦同航路ヲ利用シテ大連ヨリ大
高定期船ニ乗替フルモノ或ハ日本内地ヨリ大連経由同航路ヲ利
用スルモノ漸次増加シツツアリ

損益勘定

本期間ノ総収入金拾九萬九千七百八拾円六拾六銭ニ対スル支出
総額金弐拾弐萬四千七百拾八円五拾銭弐厘差引弐万四千四百参
拾七円八拾四銭弐厘ノ欠損ヲ来セリト雖モ其支出金中ニハ船費
トシテ支出セラレタル特別積立金五千八百六拾八円七拾五銭修
繕費積立金壱万弐千七百弐拾七円参拾五銭ノ内支払残金トシテ

No.

八千壱百四拾九円九拾参銭ノ剰余アルヲ以テ此合計金壱萬四千○拾八円六拾八銭ヲ扣除スルトキハ純欠損金ハ壱萬四百拾九円拾六銭弐厘ナリ

当期営業ノ状況概ネ叙上ノ如シ要スルニ既往ノ概況ニヨリ将来ヲ推測スルニ時運ノ進歩ニ伴フテ細心留意其方法ノ講究ヲ怠ラズシテ之ニ対スルノ施設ニ努ムルアラバ予期ノ好果ヲ収ムルノ域ニ到ルモ敢テ至難ニアラザルベキ乎。

ヨ-2022　B列5　25字×10　南満洲鐵道株式會社

No.

大正二年第一期 自一月一日 至四月三十日 営業報告

大連汽船合名会社

本年四月末ニ於ケル資産負債及損益勘定左ノ如シ

資産負債表

負債之部

科目	金額
資本金	一〇〇、〇〇〇円〇〇〇
特別積立金	八、二四三円七五〇
船舶修繕積立金	一一、五一八円七一〇

資産之部

科目	金額
地所建物	六九、六四七円三四〇
船舶	一四二、一六五、二五〇
船舶備品	一二、五四六、八六〇

No.

借入金	二、五〇〇、〇〇〇円
仮受金	一、〇四五、三五〇
合計	三七四、七七六、八一〇
什器備品	一、一五六、九〇〇円
航路補助金	六〇〇、〇〇〇
他店勘定	一、三四四、一三〇
仮払金	六、四四〇、九九三
当座預金	二、四〇二、八六三
現金	一、四〇〇、七七〇
前期繰越勘定	三三、〇一九、七七七
払込未済資本金	八〇、〇〇〇、〇〇〇
当期欠損金	一八、六二六、一六〇
合計	三七四、七七六、八一〇

ヨ-2022　B列5　28字×10　南満洲鉄道株式会社　(13.9 10,000冊)

No.

損益勘定表

利益之部

科目	金額
航路補助金収入	一〇、〇〇〇、〇〇〇円
貨物運賃収入	三五、五四六、三二〇
乗客運賃収入	七、一一九、五三〇
貸船料	一九、六八一、一一〇
雑勘定	五二四、三二〇
陸軍運輸部収入	三〇二、六四〇
郵便物取扱収入	六一、一二〇
当期欠損金	一八、六二六、一六〇
合計	八九、八六一、二三〇

損失之部

科目	金額
営業費	九、五七二、四三〇円
船費	七九、六一五、一三〇
利子	六七三、六七〇
合計	八九、八六一、二三〇

ヨ-5022　B列5　28字×10　南満洲鐵道株式會社　(13. 9. 10,000冊 納)

No.

営業所開設

本年一月組合北清輪船公司ヲ大連汽船合名会社ト改称シ前公司ヨリ一切ノ業務ヲ継承シ大連監部通一丁目二十六番地ニ新営業所ヲ開設スルト同時ニ各地ニ於ケル営業所ヲ定ムルコト左ノ如シ

出張所　安東　大連汽船合名会社出張所

代理店　芝罘　岩城商会

〃　天津　三井物産株式会社支店

〃　仁川　仁和洋行

倉庫　天津佛租界　天津倉庫

No.

各地出張所代理店ハ総テ船舶ニ関スル取扱ヲ為シ天津會社ハ會社業ニ関スルノミノ取扱ヲナスモノトス

運輸概況

前年十一月末ヨリ本年三月迄即チ冬季間ハ関東都督府ノ命令ニ従ヒ協通社ハ大連芝罘營口間ノ定期航路ニ当リ天潮丸ハ仁川又ハ若松神戸四日市等ヘ航行セシメ専ラ大連ヨリ輸出スル塩多特産物及ヒ石炭ノ輸送ニ従事セシメタリシガ三月初旬天津解氷ト同時ニ協通社ハ營口芝罘寄港ヲ廃シ大連芝罘天津ノ運航ニ改メ天潮丸ハ三月中旬神戸港ヨリ芝罘ヲ経テ大連ニ帰航シ大連ニ於

No.

ヲ高粱ヲ満載シ天津ニ航行シ四月ニ入リ天潮、塘沽ノ二隻共前年ノ通リ都督府命令航路ニ従事スルコトトナレリ

冬季大連、秦皇島間ノ航海ハ貨客頗ル少数ナリシト本年ハ一月ニ入リ近年稀ナル寒気ノ為メ同港一帯ノ海岸ハ十四五哩ノ沖合ヨリ結氷シ船舶運用上多大ノ労苦ヲ要シタリシガ運輸交通上格別ノ効果ヲ収メ得ザリシハ遺憾トスル所ナリ

~~天潮、塘沽運賃、運貨前年対比較表（自一月至六月）~~

No.

天潮陽通信客運貨前年対比較表

種別	金額
前年対 自一月一日 至四月三十日 旅客收入	六、〇九二.二八円
本年対 自一月一日 至四月三十日 旅客收入	七、一一九.五三
差引増	一、〇二七.二五
前年対 自一月一日 至四月三十日 貨物收入	一一、七〇〇.一八円
本年対 自一月一日 至四月三十日 貨物收入	三三、五四六.三二
差引増	二一、八四六.一四

但、本年対四月分收入ハ各代理店出張所ヨリノ計算書類未着ノ為メ本店ニ於テ取扱ヒタル貨客ノ運賃ノミヲ示スニ止メ各所ノ收入運賃ハ五月分ノ計算ニ繰越スコトトセリ。

ヨ-2022　B列5　28字×10　南満洲鐵道株式會社　(13. 9. 10,000 ...)

No.

本期間ニ於ケル旅客運賃収入ハ総計七千百拾九円五拾参銭ニシテ前年度同期ヨリ壱千〇弐拾七円弐拾五銭ヲ増加シ又貨物運賃収入総計参万参千五百四拾六円参拾弐銭ニシテ弐万千八百四拾六円拾四銭ヲ増加セリ殊ニ前年度ノ分ハ四月中ノ諸収入金全部ヲ計上シタル数字ナレドモ本年度ニ在テハ前記但書ノ如ク各地ヨリ報告書未着ノ為本於テ取扱ノモノノミヲ計算シタルニモ拘ラス尚ホ此ノ増額ヲ示セリ是ハ寄港各地間ニ於ケル一般貨客ノ増加ニ依ルモノナリト雖モ大連ヨリ天津地方ヘノ輸出物ガ昨年ニ比シ種類及数量ニ於テ大ニ増加シタルコトハ最モ注意スヘキ現象ナリト云フヘシ

No.

陸軍運輸部契約

北清輪船公司ノ当時陸軍運輸部大連支部ト契約シ陸軍用品輸送ノ為メ安東芝罘天津間各船腹容積ノ十分ノ一ヲ随時提供スルコトトシタルヲ以テ本年一月営業組織変更ノ際同契約ヲ其儘本社ニ継承シタリシガ事実上本社ノ為メ不便不利尠カラザルヲ以テ本年三月末日期限満了ト同時ニ再ビ契約ヲ継続セザル方針ナリシモ陸軍側ノ要求ヲ全然謝絶シ能ハザル事情アリテ止ムヲ得ズ運賃率ノ増加ヲ乞ヒ従来安東縣天津間一噸八拾銭ノ割合ナリシヲ大連天津間一噸壱円貳拾銭トシ又輸送区域ヲ大連安東芝罘天津間ナリシヲ大連芝罘天津間ト改メ去四月一日ヨリ前契約ト同

ヨ－022　B列5　28字×10　南満洲鐵道株式會社　(13. 9. 10,000部 新川納)

No.

一ノ船腹即チ平常十分ノ一ノ容積ヲ提供スルコトトセリ

平隆丸ノ廻航

大正元年七月中購入契約ヲ為シタル佛國汽船「ジンシユアン」號翌年一月末着大連港ニ廻航シ来リ直チニ受授ノ手續ヲ了シ平隆丸ト命名セリ　本船購入ノ當初ノ目的ハ天津移出貨物ヲ大連ニ於テ積替ヘ日本各港ニ航行セシムルニ在リシモ恰モ本船受授ノ際商船會社トノ間ニ接續移送及運賃改正ノ協定成立セシヲ以テ神戸鈴木商店ヘ二月二十七日ヨリ向フ十ヶ月間一ヶ月金七千円ノ割合ニテ貸渡シタリ

ヨ-2022　B列5　28字×10　南満洲鐵道株式會社　(13. 9. 10,000)

No.

天潮丸、湯通丸、平順丸船費表

右期中（自一月至四月）船費ノ支出合計額左ノ如シ

湯通丸	一	三六、五四八円三六〇
天潮丸	一	三四、六四〇、〇五五
平順丸	一	八、四二六、七一五
合計	一	七九、六一五、一三〇

更ニ之ヲ前年度同期ト対照スレバ左ノ如シ

前年度自一月一日至四月三十日	五一、三五〇円九一一
本年度自一月一日至四月三十日	七九、六一五、一三〇
差引増	二八、二六四、二一九

No.

（備考）前年ニ於ケル海通、天潮ノ二隻ノミニシテ本年ニ於ケル海通、天潮二隻ノ外年傭船一隻ヲ加ヘ計三隻ナリ

如上ノ船費ヲ収入ト対照スルニ本年ニ於ケル船費合計七萬九千六百拾五円拾参銭ヲ乗客貨物ノ収入合計金四萬六百六拾五円八拾五銭ト年傭及傭船料壱萬九千六百八拾壱円拾壱銭ト合計金六萬参百四拾六円九拾六銭ヲ扣除シ尚船費ニ於テ壱萬九千弐百六拾八円拾七銭ノ過剰ナル範額ヲ示セルハ即チ四月分旅客貨物賃金ノ未収入ヲ五月分ニ繰越シタル金額約弐萬円余ト年傭及傭船料ニ於テ金壱千五百円ノ保険料交換払ヲナサシメタル分ヲ五月分収入ニ繰越シタル為ナル這般ノ範額ヲ見ルニ至リタル所以ナリ

No.

天津倉庫営業概況

御租界倉庫ハ昨年十一月頃ヨリ保管貨物常ニ充満シ本年四月末ニ至ル平均一ケ月ノ収益弐百参拾五円余ニシテ営業費一切ヲ扣除シテ参千余円ノ利益ヲ見タリ其内容ハ決算書類未着ノ為メ本決算ヨリ省略シタリ

同倉庫ニ現在収容貨物ハ主ニ大阪商船ニ依リ神阪地方ヨリ輸入スル雑貨其他上海ヨリ輸入スル砂糖麦粉ノ類ニシテ横浜正金銀行天津支店ハ同倉庫預証券ニ対シ七掛乃至八掛ノ貸出ヲ為スヲ以テ本邦商人ハ之ガ為メ金融上ノ便宜ヲ得ツヽアリ

今啓来支那商人ノ預入モ帯々開始セラレツヽアルモ天津輸出貨

ヨ—022　B列5　28字×10　南満洲鐵道株式會社　(13. 9. 10,000 冊 納用紙)

No.

物ハ主ニ嵩高キ物品ナルヲ以テ同倉庫ニ於テ取扱フコト困難ナリ

損益勘定

本期間ノ総収入金七萬弐百参拾五円〇七銭ニ対スル支出総額金八萬九千八百六拾壱円弐拾参銭ヲ差引勘定壱萬八千六百弐拾六円拾六銭トナルルモ総支出金ニ於テ船費中ニ特別積立金弐千参百七拾五円ト修繕積立金壱萬六千六拾六円六拾壱銭ヲ含ミ居レニ対シ右期間修繕ノ為メ支出シタル金四千五百四拾七円九拾銭ヲ控除シタル残額金壱萬壱千五百拾八円七拾壱銭ノ剰余金ト四月分運賃未収入約金弐萬六百六拾壱円参拾銭ヲ計上スルトキハ合

ヨ-3022　B列5　23字×10　南満洲鐵道株式會社　(13.9.10,000 ...)

No.

計金参萬四千五百五拾五円〇壱銭ノ剰餘存スルヲ以テ右期ノ控失金ヲ扣除シテ尚壱萬五千九百弐拾八円余ノ利益ヲ見ルコトトナレリ

航路補助金

関東都督ノ命令ノ下ニ定期通航ニ従事セル天潮、場通ノ二船ハ航路補助金トシテ一月二月三月ノ三ヶ月間ハ場通丸一隻ニ対シ一ヶ月金弐千円宛計六千円ノ補助金ヲ下付セラレ四月ニ至リテハ天潮丸モ亦命令航路ニ就キテ場通丸ト同額ノ補助金ヲ下付セラレタルヲ以テ四月分ハ両船ニテ金四千円四ヶ月ニテ合計壱萬円ノ計上ヲ見ル所以ナリ

ヲ－022　B列5　28字×10　南滿洲鐵道株式會社　(13. 9. 10,000 ）

本年度ニ対スル都督府ノ命令事項及補助金額ハ前年ト同様二隻ニ対シ金四萬四千ナリトス

整備項目			(62)
索引番號　12		文書番號　15—1	

備考

件名

大連汽船會社組織ニ關スル件

一五—一—一—二

B列5

(12. 7. 5,000枚 松浦[illegible])

一、定款草案作成

一、發起人會開會

定款ノ議定

株式ノ引受

拂込方法及期日協定

役員ノ選任

役員競争禁止解除方協定

右決議録作成

一、取締役會開會

社長選任

右決議録作成

一、検査役選任申請

拂込ヲ立証スル方法準備

南滿洲鐵道株式會社

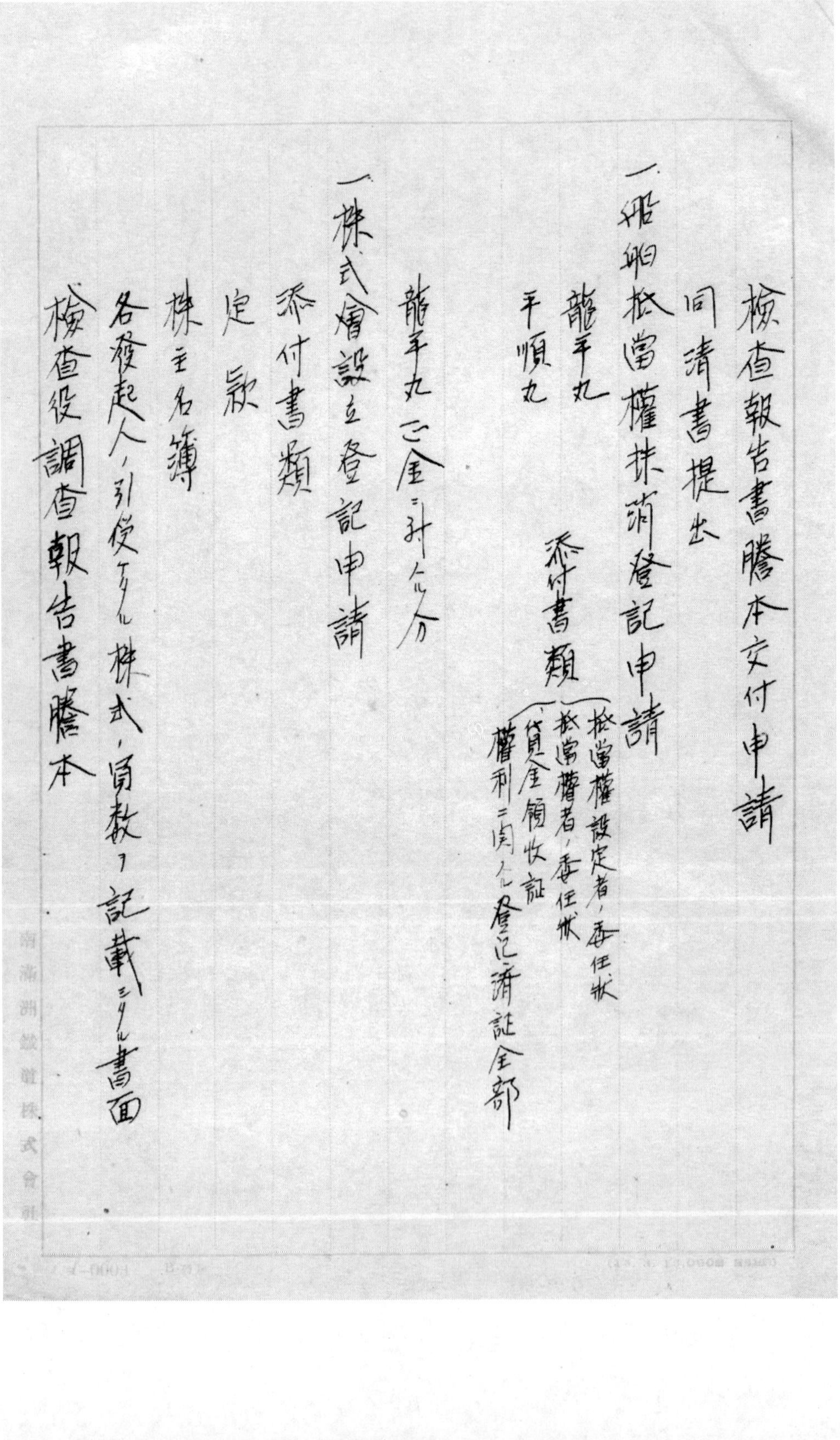
検査報告書謄本交付申請
同請書提出
一、船舶抵当権抹消登記申請
龍平丸
平順丸
添付書類
抵当権設定者ノ委任状
抵当権者ノ委任状
貸金領収証
権利ニ関スル登記済証全部
龍平丸之金ニ対スル分
一、株式会社設立登記申請
添付書類
定款
株主名簿
各発起人ノ引受ケタル株式ノ員数ヲ記載シタル書面
検査役調査報告書謄本
南満洲鉄道株式会社

發起人ヲ取締役及監査役ニ選任シタルコトニ関スル書面
會社ニ代表スヘキ取締役ヲ定メタル書類
委任状　各役員全員連名

一、船舶賣買登記申請
平順丸
利済丸
龍平丸
辨天丸
右各別ニ賣渡証書作成
賣主ノ委任状
買主ノ委任状
權利ニ關スル登記済証添付

一、船舶抵當權設定登記申請

南滿洲鐵道株式會社

龍平丸　正金ニ対スル分

委任状

一、合名會社解散登記申請

同意書

委任状

南満洲鐵道株式會社

No.

业務提要

大連汽船合名會社

ヨ－0022　B列5　28字×10　南滿洲鐵道株式會社　(15.3.3.000多 組同糖)

No.

第一　沿革

當會社ハ初メ明治四十四年六月河邊勝田中末雄両名組合ノ下ニ大連ヲ基点トシ北清沿岸ニ於ケル航路開拓ノ目的ヲ以テ創立サレ北清輪船公司ト称シ福星丸（總七八九噸）龍平丸（總七五七噸）ノ汽船二隻ヲ使用シ福星丸ハ毎月二回大連ヲ基点トシテ芝罘安東縣天津間龍平丸ハ毎月五回大連ヲ基点トシテ旅順登州府龍口間ノ定期航海ヲ開始セリ而シテ本航路ハ南満洲ト直隷山東両省トノ交通貿易上至大ノ関係ヲ有スルモノナルヲ以テ関東都督府ハ同府ノ命令航路ト為シ福星丸ニ對シ一ヶ年金一萬六千圓龍平丸ニ對シ一ヶ年金一萬七千七百圓ノ補助金ヲ下附セラレタリ

ヨ―0022　B列5　28字×10　南満洲鐵道株式會社　（15.3.3,000冊 …）

No.

此ノ航路ハ又満鐵會社ト運輸事業ト密接ノ関係ヲ有シ尚將来拡張ノ必要ヲ認メラレタルヲ以テ満鐵會社ニ於テモ當公司ノ事業遂行上大ナル便宜ヲ供セラルルニ至リ大連天津芝罘安東縣間ノ航路ニ充ツル為メニハ大阪鉄工所ニ於テ製造セシメタル汽船済通丸(總一一三八噸)ヲ一定ノ契約ノ下ニ當公司ニ貸渡スコトトナリ同年十二月同船廻航后直チニ當公司ニ借受ケ福星丸ト代ラシメ續ヒテ翌明治四十五年二月香港造船所ニ於テ新造セル汽船天潮丸(總一三〇〇噸)ヲ済通丸ト同ジク當公司ニ於テ使用スルコトトナリタルヲ以テ従来福星丸一隻ニテ従事シツツアリシ大連芝罘安東縣天津間ノ航路ハ明治四十五年四月ヨリ天潮丸済通丸

ヨ－0022　B列5　28字×10　南満洲鐵道株式會社　(15.3.8,000冊 ...)

No.

ノ西船ヲ運航スルコトトナシ航海度数従来二週一回ナリシヲ一週一回ニ増加シ同時ニ従来ノ大連龍口線ヲ石虎嘴ニ延長シ而シテ都督府ハ天潮丸済通丸ニ對シ一ヶ年各金貳萬圓宛ノ補助金ヲ下付セラルルコトトナリ前記龍平丸ニ對スルモノト合セテ金五萬七千七百圓ノ補助金ヲ下付セラルルニ至レリ

斯リ業務ノ進捗ニ伴ツテ従来ノ組合組織ハ完全ヲ欠ク所アルヲ以テ大正二年一月其組織ヲ変更シ大連汽船合名會社トト改称シ定款ヲ作リ登記ヲ經テ大連監部通一丁目二十六号地ニ営業所ヲ開始セリ

北清輪船公司創立當時ニ於ケル関東州及北支那沿岸ヲ航行スル

ヲ－0022　B列5　28字×10　南滿洲鐵道株式會社

No.

日本船舶ノ状態ハ日露戦役后頓ニ増加ノ傾向ヲ来シ當時定期船トシテハ日本郵船大阪商船ノ外大連芝罘営口ヲ基点トシテ渤海沿岸ヲ往復スル船舶約十五隻余ニ達シ将来益々拡張ノ余地ト必要ヲ十分ニ認知セラレタリシモ郵船商船ニ社ノ定期船ハ主トシテ日本内地各港間ノ貨客ノ運送ニ従事スルモノニシテ當方面沿岸ノ交通貿易ニ對シテハ當公司ノ外僅カニ大岐組運輸部ノ大連龍子窩航路及柳樹屯通船及阿波共同汽船株式會社ノ芝罘安東縣航路其他一ニ同業者ハ不定期航海ヲ為スモノアルノミ然カモ其使用船ノ多クハ小形老朽船ニシテ到底諸外國船トノ競争ニ堪ヘサルモノノミナリキ

No.

一方外國船ニアリテハ英独佛及招商局ノ船舶約二十余隻ヲ以テ上海廣東青島ヲ根據トシ盛ニ北清沿岸航海ヲ営ミ就中英國船ニ在リテハ多年当方面ノ航海ニ経験ヲ重ネ独船之ニ次キ益々隻数ヲ増加セントスルノ趨勢ヲ示シ支那人間ニモ亦営口ニ肇興公司ノ創立ヲ見ルニ至リ又多年芝罘ヲ根據トセル政記公司ノ如キモ数隻ノ汽船ヲ買入レ或ハ借入レ北清海運界ニ於ケル一勢力トナルニ及ビタリ

今創立日浅キ北清輪船公司ニシテ此ノ間ニ立チ南満洲ニ於ケル本邦人ノ施設ト相俟チテ北支那ニ於ケル優越ナル航海権ヲ掌握セントセハ勢堅実ナル諸般ノ設備ヲ為スト共ニ当局ノ十分ナル

保護誘導ニ頼ラザルベカラザルモノアリ然ルニ前記都督府航路補助金ハ營業上ノ欠損ヲ塡補スルニ足ラズ一方公司ノ事業ハ將来多ク投資金ヲ要スルモノアルベキヲ以テ満鉄會社ノ經營ト相俟テ北支那ニ於ケル中繼港トシテ大連ノ發達ト繁榮ヲ圖ル趣旨ニ對シ其後援ヲ求メ茲ニ始メテ至大ノ便宜ヲ得諸般ノ業務漸ク其緒ニ就クニ至リタリ

第二　満鐵ヨリ借入金

前述ノ結果當社ノ經營ニ對スル船舶ノ改良増加及業務ノ発展ニ

伴ノ諸船ノ施設ニ對シ一定ノ契約ノ下ニ資金ノ借入ヲ為シモノ
左ノ如シ

借入金額	利率	現在残額	摘要
五二.〇〇〇 〇〇〇	年六分	五九.一二二 九三〇	天津独逸租界土地買收資金 大正三年六月未返ノ利子ヲ計上セシメ本残額ヲ示ス
一四五.〇〇〇 〇〇〇	日歩二銭	一三〇.五〇〇 〇〇〇	平順丸買收資金 大正三年六月及十月ノ両回ニ金一萬四千五百円ヲ償却シタル為メ此残額ヲ示ス
四〇.〇〇〇 〇〇〇	日歩二銭	四〇.〇〇〇 〇〇〇	天津仏租界倉庫建築資金及天潮丸・済通丸両船運用資金
六〇.〇〇〇 〇〇〇	日歩二銭	五七.〇〇〇 〇〇〇	龍平丸買收資金 大正三年四月十五日金三千円ヲ償却シタルニ付此残額ヲ示ス
一三〇.〇〇〇 〇〇〇	日歩二銭	一三〇.〇〇〇 〇〇〇	利済丸買收資金
二〇.〇〇〇 〇〇〇	日歩二銭	二〇.〇〇〇 〇〇〇	天津独租界倉庫敷地内ニ増設資金
六〇.〇〇〇 〇〇〇	日歩二銭	四八.〇〇〇 〇〇〇	運用資金
一二.〇〇〇 〇〇〇	日歩二銭	一二.〇〇〇 〇〇〇	運用資金
二三〇.〇〇〇 〇〇〇	年六分	二三〇.〇〇〇 〇〇〇	天津露国租界土地買收資金
合計		七三六.六三二 九三〇	

ヨ-0022　B列5　28字×10　南滿洲鐵道株式會社　(13.3.3.000冊)

No.

第三　使用船及航路

船名	噸数	種別	製造年月	製造場所	摘要
天潮丸	一三〇七八八	貨客船	明治四十四年	香港造船所	満鉄所有船
清通丸	一一三八七	貨客船	明治四十四年十月	大阪鉄工所	同
平順丸	一六九一七九二	貨物船	西暦千九百二年	伊國ゼノア	大連汽船会社所有船
龍平丸	七五七七五	貨客船	明治四十三年三月	大阪鉄工所	同
利済丸	六六三七六二	貨客船	大正二年十二月	原田造船所	同
一進丸	一四八四七〇五	貨物船	大正三年	三菱造船所	満鉄所有船
博進丸	一五三五七五五	貨物船	大正三年	大阪鉄工所	同
相生丸	三〇七六三	通船	明治三十一年七月	大阪	大岐組ヨリ買入交渉中

ヨ－0022　B列5　28字×10　南満洲鐵道株式會社

No.

右航路及所屬船左ノ如シ

第一航路

一、甲線　大連、安東、大連、天津、大連、

乙線　大連、秦皇島、大連

本航路ハ天潮丸、濟通丸ノ二隻ヲ使用シ白河及鴨緑江開氷中ハ甲線ニ依リ毎月四回以上白河及鴨緑江結氷中ハ濟通丸一隻ヲ使用シ乙線ニ依リ毎月三回以上ヲ往復運航シ結氷中天潮丸ハ自由航ニ從事ス

但甲線ハ一ケ月三回以内天津ニ於ケル貨客ノ状況ニ應シテ大連ニ歸着后芝罘ニ寄港シテ安東ニ向フコトヲ得

ヨ－0022　B列5　20字×10　南滿洲鐵道株式會社

No.

第二航路

大連芝罘大連

本航路ハ利通丸ヲ以テ一ヶ年ヲ通シテ毎月十回以上ヲ往復スルモノトス

第三航路

大連旅順登州府龍口石虎嘴大連

本航路ニハ汽船龍平丸ヲ以テ自四月至十一月八ヶ月間ハ毎月四回以上自十二月至三月四ヶ月間ハ石虎嘴寄港ヲ休止シ毎月三回以上ヲ往復ス

第四航路

No.

大連、芝罘、上海、天津、大連

本航路ニハ汽船博進丸ヲ使用シ毎月二回ノ航海ヲ爲シ冬季天津結氷中ハ大連、芝罘、上海間ヲ臨時航行スルモノトス

第五航路（大正三年五月志岐組ヨリ継承）

甲線　大連、貔子窩、大連

乙線　大連、廣鹿島、小長山島、大長山島、貔子窩、大長山島
小長山島、廣鹿島、大連

本航路ハ志岐組ヨリ継承後適當ノ使用船物色中目下臨時利涌丸ヲ使用シ甲線毎月六回乙線二回以上ヲ航行ス

但自十二月至三月四ヶ月間ハ休航スルモノトス

タ－0022　B列5　28字×10　南滿洲鐵道株式會社

No.

第六航路（大正三年五月志岐組ヨリ継承）

大連柳樹屯大連

本航路ニハ相生丸ヲ以テ毎日二回以上往復スルモノトス

右ノ外平順丸及一進丸ハ臨時航ニ当テ一定ノ航路ヲ定メサレトモ追々開拓ノ進捗ト共ニ沿岸ノ定期或ハ新航路ニ従事セシムル豫定ナリ

第四　営業機関

本社一般ノ業務ハ社員河邊勝田中末雄ノ両名各會社ヲ代表シテ

No.

之ヲ施行シ尚各地ニ左ノ出張所及代理店ヲ設置セリ

一、天津出張所

一、安東出張所

一、神戸出張所

一、芝罘代理店　岩城商會

一、秦皇島代理店　通運公司

一、旅順代理店　小倉洋行

一、營口代理店　田中分局

一、登州府代理店　義生成

一、石虎嘴代理店　萬興棧

No.

一、貔子窩代理店　齋藤安彦

一　上海代理店　満鉄埠頭事務所支所

本社決算ハ年二回トシ其決算書及營業報告ハ満鉄ニ提出シ都督府関係事項ハ海務局ヲ経由シ其監督ヲ受クルモノトス

而シテ一般ノ監督ハ都督府及満鉄本社ノ同意ヲ經テ埠頭事務所長ニ委嘱ス

天津出張所及倉庫業

天津ニ於テハ當時將来同地貿易ノ發展ニ伴フテ營業上ニ利便ナラシメン為メ明治四十五年同地佛租界満鉄貯炭場敷地ノ一劃ヲ

No.

借受ケ（此借地料一ケ年金六百円ノ総面積二百坪ノ倉庫ヲ建設セシ倉庫ヨリ發行スル証券ニ對シ金融ノ便ヲ正金銀行同地支店ニ於テ図ルコトト為シ為メニ貿易業者ニ多大ノ利便ヲ与ヘ續テ同地独逸租界白河河岸ニ四千九十坪ノ敷地ヲ購入シ將來ニ備ヘタリ

如上ノ施設ニ對シ一般貿易業者ハ其利便ヲ認識スルト共ニ該既設ノ仏租界倉庫ハ貨物ノ寄托多ク常ニ充溢シテ新ニ來ル顧客ノ要求ヲ充スコト能ハサルノ盛況ニ向ヘリ而シテ天津ニ於ケル一般ノ貿易ハ年ヲ追フテ増進ノ趨勢ヲ示スニ至リタルヲ以テ大正二年六月前記購入セシ独逸租界敷地内ニ三百二十坪ノ倉庫二棟

ヨ—0922　B列5　28字×10　南満洲鐵道株式會社　（15.3.3,000冊）

No.

三百坪余ノ上家一棟及六十坪ノ事務所外之ニ附属スル支那人苦
合繋船場等ノ設備ヲナシ尚引續ヒテ大正三年ニ至リ旅客待合所
税関検査場等ノ増設ヲナシ同時ニ従来紫竹林碼頭ニ繋留セシメ
シ本社船舶ヲ本年四月ヨリ右新設ノ独逸租界倉庫前ノ碼頭ニ繋
留セシムルニ至レリ

由来天津ニハ外国人ノ経営ニ係ル倉庫業ニ若アルノミニシテ各
汽船業者又ハ問屋業者ハ自ラ倉庫ヲ有シ保管シツヽアリテ之レ
ニ依リ金融上ノ便利ヲ得ルコト能ハズ常ニ非常ノ不便ヲ感シツ
ツアリシナリ之ヲ以テ本社ハ天津ヘノ輸出入貨物ニシテ我社船
ニヨリタルモノヲ積卸スニ際シ一時保管スルノ条ヲ正金銀行ト

No.

協約ニ一般商品ノ保管ヲ兼営スルニ至リタルモノナルガ将来天津貿易ノ発展ニ連レ必然来ルヘキ本社業務ノ発展ヲ慮リ本独逸租界倉庫ト河ヲ距テヽ露国租界ニ約四丁坪ノ空地ヲ買入レ以テ他日ノ施設ニ備ヘタリ

第五　営業ノ状況

北清輪船公司創立初年度ハ百事草創ノ際ニシテ諸般ノ施設及一般ノ顧客ニ公司創立ヲ悉知セシムルコトニ全力ヲ傾注シ一面ニ於テハ営業費ノ節約ヲ計ル為メ営業ノ一部ハ田中商会（田中末雄

ヨ－0022　B列5　28字×10　南満洲鐵道株式會社

經營ニ係リ明治三十五年以来北清方面ニ於ケル海運業ヲ營業トシ居タ）此ノ一部ハ松茂洋行（明治三十五年営口ニテ創立以来當方面ノ海運業ニ従事ス）ニ於テ擔任シ別ニ公司ノ營業所ヲ設ケス同店員其事業ヲ分担シテ取扱フコトヽシタリシモ事業ノ進捗ト共ニ諸事不便ヲ免レ能ハサリシヨリ以テ翌年度ヨリ現在事務所ヲ開設スルコトヽシタリ

大正元年度（明治四十五年）ニ於テハ諸般ノ施設稍々其緒ニ就キ殊ニ天潮丸、濟通丸ノ両新造船ノ運航ヲ見ルニ至リ一般顧客ハ両船ガ当地方沿岸航行ニ適合シテ利便多キヲ悉知シタル結果安東ヨリ天津ニ輸送サルヽ木材ノ如キハ常ニ満載ノ好況ヲ呈シ其外一般ノ旅客殊ニ天津ヨリ大連ヲ経テ日本ニ往来スルモノハ此二船

No.

ヲ俟チテ旅程ニ上ルノ好調ヲ呈スルニ至リ為メニ貨客ノ收入ニ於テ漸ク見ルベキモノアリト雖モ創立以来絶エズ新規ノ施設ヲ為シ且ツ定期航海ヲ厳重ニ施行シタル等ノ為メ創立当初ヨリ本年度末迄ヲ通シテ金二万四千四百三十七円八十四銭二厘ノ欠損ヲ示スニ至レリ

續ヒテ大正二年度ニ於テハ社船寄航地ノ取引先及一般貿易業者モ已ニ本社ノ営業振リヲ悉知シ貨客共漸次増加ノ傾向アリ前年度ニ續ヒテ益々社業進展ノ必要ヲ生シタルヲ以テ同年一月組織ヲ変更シ大連汽船合名會社ト改称シ従来ノ資本金二万円ナリシヲ金十万円ニ増資シ船舶ニ於テハ平順丸龍平丸ヲ買收シ利済丸

ノ買約ヲ為ス等創立當初ノ計劃ヲ着々進捗セシムルニ至リタリ。

全般ノ趨勢ハ前記ノ如ク寔ニ豫期以上ノ成績ヲ示シ之ニ対スル諸般ノ施設ヲ完成セシムルノ必要ヲ感シ来リ特ニ営業航路中重要ナル天津ニ在リテハ倉庫ヲ増設シ事務所ヲ新設シ更ニ他日ニ備フル為メ地所ヲ買收スル等漸ク秩序的ニ経営ノ歩ヲ固メタリ。

然レトモ創立以来殆ンド絶エス将来ノ経営設備ニ汲々トシテ之レニ要スル費用ノ支出益々多キヲ加ヘタル為メ支出計算ハ貨客運賃ノ増收ヲ見タルニモ拘ハラズ尚ホ損失金七千二百七十三円四十三銭五厘トナリ之ヲ前年度ニ比スルトキハ約三分ノ一強ニ低減セシムルコトヲ得タリ

No.

本年度（大正三年）ニ入リテハ利済丸ノ買入天津倉庫ニ於ケル建物ノ増築志岐組ヨリ鏡子窩及柳樹屯航路ノ継承博進丸一進丸ノ借入ト同時ニ新航路ノ開拓等本社業務遂行ニ愈々資金ヲ要スルモノアリ自然會社組織変更及資金増加ノ必要ヲ感ジツツアリ

今創立当時ヨリ大正二年度末ニ至ル迄ノ収支計算ヲ左ニ表示ス

明治四十五年（大正元年）度收支損益表

利益ノ部 科目	金額		損失ノ部 科目	金額	
船路補助金收入	三六、四〇〇	〇〇〇	營業費	七、五二六	八九〇
貨物收入	一二三、〇一五	一五〇	船費	二二四、二〇八	〇〇二
旅客收入	三八、一七七	〇六〇	廻航費	一、五四一	七五〇
貨船料收入	一〇、九七三	一四〇	利息	一、四四一	八四〇
雜收入	一、七一五	三一〇			
本期欠損金	二四、四三七	八四二			
合計	二三四、七一八	五〇二		二三四、七一八	五〇二

南滿洲鐵道株式會社

大正二年度収支損益表

利益ノ部

科目	金額	
航路補助金収入	四一二二五	〇〇〇
貨物収入	一四八二五四	一八〇
旅客収入	四九三八二	二三四
貸船料収入	六九〇一五	六八〇
陸軍運輸部収入	一三〇一三	〇九〇
郵便物取扱収入	七九五	九五〇
本期欠損金	七二七三	四二五
合計	三二八九五九	五六九

損失ノ部

科目	金額	
営業費	二七六六八	〇〇〇
船費	二六〇一六五	八四四
船舶修繕費	一三七三五	五三五
雑勘定	二七六〇	二〇〇
利息	二四六二九	九九〇
合計	三二八九五九	五六九

南満洲鐵道株式會社

大正三年度航路補助金

本年度（大正三年度）ニ於ケル関東都督府命令航路ニ対スル補助金合計金六萬三千百円ニシテ其内訳ヲ示スト左ノ如シ

航路	（甲）自四月至十一月	（乙）自十二月至翌年三月
第一航路	月額金三千七百圓	月額金千七百圓
第二航路	月額金百圓	月額金百圓
第三航路	月額金千五百五十圓	月額金千百七十五圓
第五航路	月額金九百圓	／
第六航路	月額金百圓	月額金百圓
計	月額金六千三百五十圓	月額金三千〇七十五圓

No.

新會社重役ニ関スル内定

取締役五名ノ内一名専務(社長)トシ監査役二名トス

○第一案(優先株発行案)又ハ第二案(乙)ヲ実行スルトキ

満鐵、商船、郵船其他ヨリ各一名ノ取締役ヲ出シ他ニ満鐵

ニ於テ株主中ヨリ一名ヲ推選(薦)シ之ヲ専務取締役トス

米右一名ハ商船ノ推挙セル候補者ヲ以テスル事

米専務取締役ノ誠意ヲ以テスル施設経営ニ対シテハ

満鐵ニ於テ賛同援助ヲ与ヘラルル事

監査役ハ満鐵郵船各一名トス

○第二案(甲)又ハ第三案(即チ満鐵株主タラザルトキ)実行ノトキ

ヨ－0022　B列5　28字×10　南滿洲鐵道株式會社　(15. 3. 3,000冊 …)

No.

商船郵船其他ヨリ各一名ノ取締役ヲ出シ他ニ満鐵ニ於テ株主中ヨリ二名ヲ推選シ内一名ヲ專務取締役トス

※右二名ハ商船ノ推擧セル候補者ヲ以テスル事

※專務取締役カ誠意ヲ以テスル施設經營ニ對シテハ満鐵ニ於テ賛同援助ヲ與ヘラルルコト

監査役ハ商船郵船ヨリ各一名トス

※ハ満鐵商船ノ内約ニ止ムルモノトス

No.

優先株發行案

一、資本總額ヲ貳百萬圓トシ差當リ百五拾萬圓拂込トス

二、最初百萬圓ノ會社ヲ組織シ其引受ケ分配ヲ左ノ通リトス

滿鉄　九拾萬圓

商船　五萬圓

郵船　五萬圓

（河邊田中氏持分ヲ含ム）

三、次ニ百萬圓ノ増資ヲ行ヒ年八朱ノ優先株ヲ發行シ其引受分配左ノ通リトス

滿鐵　貳拾五萬圓

商船　貳拾五萬圓

ヲ－0022　B列5　28字×10　南滿洲鐵道株式會社　（13.3.3.000冊 [illegible]）

No.

郵船　貳拾五萬圓

其他　貳拾五萬圓

右増資株ハ差當リ二分ノ一拂込トス

收支並ニ利廻リ豫算

	(甲)收入ヲ多ク見積リタル時	(乙)收入ヲ少ク見積リタル時
(A)天潮直通ノ利益	六八、〇〇〇円	四三、二六八円
(B)平順ノ利益	二七、二〇〇	二七、二〇〇
(C)新造二隻ノ利益	五五、四三〇	二六、三九〇

No.

(ロ)倉庫利益	七、二〇〇	七、二〇〇
合計	五七、八三〇	二〇、〇五八
店費(引)	四〇、〇〇〇	四〇、〇〇〇
差引	一一七、八三〇	七〇、〇五八
法定積立 役員賞与 一割(引)	一一、七八三	七、〇〇六
差引	一〇六、〇四七円(全体ニ対シ七分強)	六三、〇五二(全体ニ対シ四分二厘強)
右配当		
優先株(八分)	四〇、〇〇〇	四〇、〇〇〇
普通株	六六、〇四七	二三、〇五二
即チ普通株利廻リ	六分六厘強	普通株利廻リ二分三厘強

No.

第二案（甲）（四隻借船）

一、資本金壹百萬圓トシ差當リ五拾萬圓拂込トス

二、株式分配左ノ通リトス

商船　參拾五萬圓

郵船　參拾五萬圓

其他　參拾萬圓

三、滿鐵ヨリ天潮循通及新造船二隻ヲ借入ル條件後ニ出ス

第二案（乙）（二隻借船、天潮循通ハ滿鐵出資）

一、資本金壹百五拾萬圓トシ差當リ百萬圓拂込トス

ヨ－0022　B列5　20字×10　南滿洲鐵道株式會社　（15.3.3,000冊）

No.

二、株式分配左ノ通リトス

満鉄　五拾萬圓　　商船　参拾五萬圓

郵船　参拾五萬圓　　其他　参拾萬圓

三、満鉄ヨリ新造船二隻ヲ借入ル（條件後出）

借船條件

一、期限ハ五ヶ年ヲ一期トシ初期ニ於テハ

(甲)四隻現在船價ニ対シ年三分ノ割合ヲ以テ借料ヲ支拂フ

(乙)二隻無利子即チ無料

二、船價償却　毎半期ニ船舶建造代價一ヶ年百分ノ四ノ割ヲ以テ

ヲ－0022　B列5　23字×10　南滿洲鐵道株式會社　（15.3.3,000冊）

No.

満鉄ニ支払フ

三、船体保険　汽船會社ニテ締結スヘシ

第二案

一、新造船二隻ヲ天潮浦通ト全様ノ條件ニテ満鉄ヨリ借入ルコト

二、資本金ハ壱百萬圓トシ差当リ五拾萬圓払込トス

三、株式割当

商船　参拾五萬圓

郵船　参拾五萬圓

No.

其他　参拾萬圓

四、満鉄ハ拂込資本金ニ対シ年八朱ノ配當補償ヲナス

五、満鐵ハ右補償ノ付随條件トシテ監督權ヲ有ス

No.

株式會社發起人準備會

一、定款ヲ議定スル事

一、合名會社所屬財產買取ニ付價格等協定ノ事

一、合名會社欠損ノ處理方ニ付協議スル事

一、重役選任ノ事

一、都督府法院ニ検査役選任ノ申請ヲ為ス事

（右検査ニ應スヘキ準備ヲ為ス事）

一、事業ヲ間断ナク継續スル為メ「株式會社設立」ノ登記ト共ニ「合名會社ノ解散」ノ登記ヲ為ミ同時ニ「船舶及不動產賣買」ノ手續ヲ為ス事ニ議定スル事

No.

一、法院ノ検査ニ容易ニ通過スヘキニ付船舶及不動産売渡証準備セシムル事

ヨ－0022　B列5　28字×10　南满洲鐵道株式會社　（15．3．3.000冊 細川納）

No.

第一案

先ツ株式會社ヲ設立シ置キ合名會社ノ解散ト同時ニ事実上營業ヲ継續スル事

此ノ方法ニ依ルトキハ株式會社ニ於テハ

一、定款ヲ作ル事

一、發起人ガ株式ノ總數ヲ引受ケル事（會社成立）

一、遅滞ナク株金ノ四分ノ一ヲ下ラサル第一回ノ拂込ヲ為ス事

一、取締役及監査役ヲ選任スル事

ノ手續ヲ為シタル上

No

取締役ヲ選任後遅滞ナク
第一回ノ払込ヲ為シタルヤ否ヤヲ調査セシムル為検査役
ノ選任ヲ裁判所（関東州ニテハ都督府法院）ニ請求スル事
右検査ノ場合ニハ所謂見セ金ヲ要スルヲ以テ銀行預金証書
又ハ相当ナル準備ヲ要ス
斯クシテ検査役ノ調査終了ノ日ヨリ二週間内ニ商法第百四
十一条所定ノ事項ヲ登記スル事ヲ要ス
一方合名会社ニ於テハ右登記ノ日又ハ其後ニ於テ解散ノ登記
（商法七十六条）ヲ為スコト

ヨ－0022　B列5　20字×10　南滿洲鐵道株式會社

No.

（株式會社設立以後ニ解散ノ登記ヲ為ス理由ハ株式會社ノ登記前ニ於テハ事実上営業ヲ継續セシムベキモノナク且合名會社解散セハ最早営業ヲ継續スル事能ハサレハナリ）

解散手續

一、解散スベキ旨ノ總社員ノ同意書ヲ作製スル事

一、右決議ヲ了ルトキハ二週間内ニ其登記ヲ為ス事

一、廣義ノ清算行為ノ一トシテ會社財産ノ處分方法ヲ總社員ノ同意ヲ以テ定ムル事

一、二週間内ニ財産目録及ヒ貸借対照表ヲ作ル事

一、右會社財産ノ處分ヲ為スニ付テハ二週間ノ期間内ニ債

ヨ－0022　B列5　28字×10　南満洲鐵道株式會社　（15.3.3.000冊）

No.

權者ニ對シ一定ノ期間内ニ之ヲ述フヘキ旨ヲ公告シ且
知レタル債權者ニハ各別ニ之ヲ催告スル事ヲ要ス但其
期間ハ二ヶ月ヲ下ルコトヲ得ス

右會社財産處分決議トシテハ
船舶其他ノ財産ヲ株式會社ニ賣渡ス事トスル事
右ノ代金ヲ以テ滿鐵ニ對スル債務ヲ辨済セシムル事

No.

第二案

假ニ少額資本ノ株式會社シテ事実上営業ヲ継續セシメ之レニ現在ノ合名會社ヲ合併セシムル事

此方法ニ於テモ株式會社設立ニ付テハ第一案ト異ル所ナシ

合併ノ手續

株式會社及合名會社ハ共ニ左ノ手續ヲ履スヘシ

一、合名會社ニ在リテハ總社員ノ同意ニ依リ合併スヘキ旨決議シ株式會社ニ在リテハ定款変更ノ規定ニ従ヒ株主總會ノ特別決議ヲ要ス

一、右決議ノ日ヨリ二週間内ニ財産目録及ヒ貸借対照表ヲ

No.

作ル事（商法七十八條一項）

一、前項ノ期間内ニ會社債權者ニ対シ異議アラハ一定ノ期間（會社任意ニ此ノ期間ヲ定ムルヲ得ルモ二ヶ月分ヲ下ル事ヲ得ス）内ニ之ヲ述フヘキ旨ヲ公告シ且知レタル債權者ニハ各別ニ之ヲ催告スル事（商法七十八條二項）

一、右期間ヲ經過シタルトキハ合併ヲ為ス事

一、合併後二週間内ニ株式會社ニ付テハ變更ノ登記ヲ為シ合名會社ニ付テハ解散ノ登記ヲ為ス事（商法八十條）

而シテ此場合ニ於テハ株式會社ハ合併ニ因リ消滅シタル合名會社ノ權利義務ヲ承継スルモノトス（商法八十二條）

No.

第三案

現在ノ合名会社ニ対スル本社ノ貸金ヲ以テ同会社ノ財産ヲ買取リ此財産ヲ以テ新ニ設立スヘキ会社ノ株金ニ充当スル事

此方法ハ第一案ト異ナル所見セ金ヲ要セサル事定款ニ特ニ財産出資ノ事項ヲ規定スル事等ニ過キサルモ裁判所ノ選任セル検査役ノ調査ノ結果ニ依リ此財産ニ対シテ与ヘラルヘキ株数ヲ制限セラルル事無キヲ保シ難ク若シ如斯事アラハ貸金トシテ整理セル現在ノ額ト株金トノ差額ハ本社ノ損失ニ帰スヘキナリ

ヨ－0022　B列5　28字×10　南満洲鐵道株式會社　(15. 3. 3,000冊)

No.

大連汽船會社ノ組織變更ニ關スル手續ニ付テハ目下ノ研究ニテハ以上ノ三方法ノ一ヲ擇ブノ外途ナキ樣被存候、若シ夫レ合名會社ヲ解散シ廣義ニ於ケル清算ヲ遂ケタル後株式會社ヲ樹立セントスルカ如キ少クトモ二ケ月以上營業ヲ中止セサルヘカラサル結果トナリ斷シテ不可ナリト存候

ヨ－0022　B列5　28字×10　南滿洲鐵道株式會社　（15.3.3.000）

No.

登記料調

一、會社設立ノ登記手数料

算出標準　五拾萬圓迄ハ六十七圓

五拾萬圓以上ハ其ノ五拾萬圓ヲ超ユル金額一萬圓

毎ニ五拾銭ヲ加算ス

假ニ資本額ヲ七十五萬圓トセハ七十九圓五十銭

一、船舶賣買登記手数料

船舶價格ノ千分ノ十五

假ニ船舶視價格ヲ三十萬圓トセハ四千五百圓

ヨ－0022　B列5　28字×10　南滿洲鐵道株式會社

No.

今般當會社ハ元大連汽船合名會社ノ所有船舶ヲ讓受ケ同社ノ事業ヲ繼承シ本日ヨリ開業致候間此段公告候也

大正四年二月十日

大連市監部通一丁目二十六番地

大連汽船株式會社

～～～

當會社ハ今般組織變更ノ目的ヲ以テ總社員ノ同意ニ因リ本日限リ解散シ事業ヲ大連汽船株式會社ニ引繼キ候間此段公告候也

大正四年二月十日

大連汽船合名會社

ヌ－0022　B列5　28字×10　南満洲鐵道株式會社

No.

大連汽船株式會社發起人會ノ議事錄

大正四年一月二十八日大連市東公園町南滿洲鐵道株式會社會議室ニ於テ大連汽船株式會社發起人會ヲ開ク

發起人總員拾貳名

西村信敦

河邊勝

川村鉚次郎

高木鐵太郎

田沼義三郎

田中末雄

ヨ－0022　B列5　28字×10　南滿洲鐵道株式會社　（15．3．3．000冊 ...）

No.

塚本貞二郎

村井啓太郎

久保要藏

安田鉦藏

朝倉傳次郎

秋山　清

以上全員出席

決議事項

一　別冊ノ通リ定款ヲ制定ス

一　發起人ニ於テ株式ノ總數ヲ引受クル事

ヨ－0022　B列5　28字×10　南滿洲鐵道株式會社

No.

各自ノ引受ケタル株式ノ數左ノ如シ

株　西村信敦

株　河邉勝

株　川村鉚次郎

株　高木鐵太郎

株　田沼義三郎

株　田中末雄

株　塚本貞次郎

株　村井啓太郎

株　久保要藏

No.

株　安田鍾藏

株　朝倉傳次郎

株　秋山靖

合計　株

一、大正四年　月　日迄ニ株金ノ全額ヲ拂込ム事

一、取締役及監査役ヲ左記ノ通リ選任ス

取締役　河邊勝

同　田沼義三郎

同　田中末雄

同　久保要藏

No.

同　秋山清

監査役　川村鉚次郎

同　高木鐵太郎

一取締役河邉勝同田中末雄ノ両名カ自己又ハ第三者ノ為メニ當會社ノ営業ノ部類ニ属スル商行為ヲ為ス事ヲ認許スル事

以上決議ヲ成ルコトヲ證スル為メ各自左ニ署名捺印スルモノ也

大正四年　月　日

發起人

ヨ－0022　B列5　28字×10　南滿洲鐵道株式會社　（15.3.3.000）

No.

大連汽船株式會社取締役會決議録

コ－0022　B列5　28字×10　南滿洲鐵道株式會社　(15. 3. 3,000冊)

No.

取締役會決議録

大正四年壹月貳拾八日大連市東公園町南満洲鐵道株式會社會議室ニ於テ大連汽船株式會社取締役會ヲ開ク

取締役總員五名　全員出席

決議事項

一、定款第二十三條ノ規定ニ據リ社長互選ノ件右ハ満場一致ヲ以テ左記ノ通選任ス

社長　取締役　田沼義三郎

以上

大正四年壹月貳拾八日

ヨ－0022　B列5　28字×10　南満洲鐵道株式會社

No.

大連汽船株式會社

取締役　河邊　勝

同　田沼義三郎

同　田中末雄

同　久保要藏

同　秋山　靖

ヲ－0022　B列5　28字×10　南滿洲鐵道株式會社　(15. 8. 3.000冊)

63

整備項目			
索引番號		文書番號 15-1	

備考

件名

大連汽船合名會社業務提要

一五－一

B列5　　(12. 7. 5,000枚 松浦屋納)

第一　沿革

當會社ハ初メ明治四十四年六月河邊勝田中末雄兩名組合ノ下ニ大連ヲ基點トシ北清沿岸ニ於ケル航路開拓ノ目的ヲ以テ創立サレ北清輪船公司ト稱シ福星丸（總七八九噸）龍平丸（總七五七噸）ノ汽船二隻ヲ使用シ福星丸ハ毎月二回大連ヲ基點トシテ芝罘安東縣天津間龍平丸ハ毎月五回大連ヲ基點トシテ旅順登州府龍口間ノ定期航海ヲ開始セリ而シテ本航路ハ南滿洲ト直隸山東兩省トノ交通貿易上至大ノ關係ヲ有スルモノナルヲ以テ関東都督府ハ同府ノ命令

社報原稿用紙

航路ト為シ稲星丸ニ對シ一箇年金一萬六千圓龍平丸ニ對シ一箇年一萬七千七百圓ノ補助金ヲ下付セラレタリ此ノ航路ハ又滿鐵會社ノ運輸事業ト密接ノ關係ヲ有シ尚將來擴張ノ必要ヲ認メラレタルヲ以テ滿鐵會社ニ於テモ當公司ノ事業遂行上多大ナル便宜ヲ供セラルルニ至リ大連天津芝罘安東縣間ノ航路ニ充ツル為メニハ特ニ大阪鐵工所ニ於テ製造セシ汽船濟通丸（總一、一三八噸）ヲ二十箇年間ニ船價償却ヲ為スヘキ契約ニテ當公司ニ貸渡スコトトナリ同年十二月同船廻航後直チニ當公司ニ借受ケ稲星

社報原稿用紙

丸ト代ラシメ續イテ翌明治四十五年二月香港造船所ニ於テ新造セシ汽船天潮丸(總一三〇〇噸)ヲ濟通丸ト同一ノ條件ヲ以テ當公司ニ於テ使用スルコトトナリタルヲ以テ從來福星丸一隻ニテ從事シツツアリタル大連芝罘安東縣天津間ノ航路ハ明治四十五年四月ヨリ天潮丸濟通丸ノ兩船ヲ運航スルコトトシ航海度數從來二週一回ナリシヲ一週一回ニ增加シ同時ニ從來ノ大連龍口線ヲ石虎嘴ニ延長シ都督府ヨリハ天潮丸濟通丸ニ對シ一箇年各金二萬圓宛龍平丸ニ對シ一箇年金一萬七千七百圓計金五萬七千

七百圓ノ補助金ヲ下付セラルルニ至レリ

斯ク業務ノ進捗ニ伴フテ従来ノ組合組織ヲ以テシテハ完全ヲ缺クトコロアル~~ヲ以テ~~ニ依リ大正二年一月其組織ヲ変更シ大連汽船合名會社ト改稱シ定款ヲ作リ登記ヲ経テ大連監部通リ一丁目二十六號地ニ營業所ヲ開始セリ

北清輪船公司創立當時関東州及北支那沿岸ニ於ケル日本船舶ノ状態ハ日露戰役後頓ニ増加ノ傾向ヲ来タシ定期船トシテハ日本郵船大阪商船其他大連芝罘營口ヲ基點トシテ渤海沿岸ヲ往復スル船舶約

十五隻餘ニ達シ將來益〻擴張ノ餘地ト必要ヲ十分ニ認知セラレタリシモ郵船商船ニ社ノ定期船ハ主トシテ日本内地各港間ノ貨客ノ運送ニ從事スルモノニシテ當方面沿岸ノ交通貿易ニ對シテハ當公司ノ外僅ニ志岐組運輸部ノ大連貔子窩航路及柳樹屯通船及阿波共同汽船株式會社ノ芝罘安東縣航路遞信省命令航路其他一ニ商業者ノ不定期航路ヲ為スモノアルノミ然カモ其使用船ノ多クハ小形老朽船ニシテ到底諸外國船トノ競走ニ堪ヘザルモノノミナリキ

社報原稿用紙

一方外國船ニアッテハ英獨佛及招商局ノ船舶約二十餘隻ヲ以テ上海廣東青島ヲ根據トシ盛ンニ北清沿岸航海ヲ營ミ就中英國船ニ在リテハ多年當方面ノ航海ニ經驗ヲ重ネ獨船之ニ次キ益々隻數ヲ增加セントスルノ趨勢ヲ示シ支那人間ニモ亦一ニ汽船會社ノ創立ヲ見ルニ至リリ

而シテ北清輪船公司キシヲ此ノ間ニ立チ南滿洲ニ於ケル本邦人ノ施設ト相俟チテ北支那ニ於ケル優越ナル航海權ヲ掌握セントセハ勢ヒ堅實ナル諸般ノ設備ヲ爲スト同時ニ當局ノ十分ナル保護誘導ニ賴ヲ

南滿洲鐵道株式會社

No.

社報原稿用紙

サルヘカラサルモノアリ然ルニ前記都督府航路補助金ハ營業上ノ缺損ヲ塡補スルニ足ラス一方公司ノ事業ハ將來多々益々資金ヲ要スルモノアルヘキヲ以テ滿鐵會社ノ經營ト相俟テ北支那ニ於ケル仲繼港トシテ大連ノ發達ト繁營ヲ計ルノ趣旨ニ對シ其後援ヲ求メ茲ニ始メテ至大ノ便宜ヲ得諸般ノ業務漸ク其ノ緒ニ就クニ至レリ

第二　使用船舶

船名	噸數	種別	製造年月日	製造場所	摘要
天潮丸	一、三〇〇噸八八	貨客船	明治四十四年	香港造船所	
濟通丸	一、一三八噸	貨客船	明治四十四年十一月	大阪鉄工所	
平順丸	一、六九一噸九二	貨物船	西暦千九百二年	伊國ゼノア	
龍平丸	七五七噸七	貨客船	明治四十三年三月	大阪鉄工所	
利濟丸	六六三噸六二	貨客船	大正二年十二月	原田造船所	
一進丸	一、四八四噸〇五	貨物船	大正三年	三菱造船所	
博進丸	一、五三五噸五五	貨物船	大〃三年	大阪鉄工所	
相生丸	三〇噸六三	通船			志岐組継承交渉中
第十五永田丸	四八一噸三八	貨客船	大正元年十一月	英國	臨時傭借船

第三　航路及所屬船

第一航路

甲線　大連、安東、天津、大連

乙線　大連、秦皇島、大連

本航路ハ天潮済通ノ二隻ヲ使用シ白河及鴨緑江開氷中ハ甲線ニヨリ毎月両船ニテ四回以上白河及鴨緑江結氷中ハ済通丸一隻ヲ使用シ乙線ニヨリ毎月三回以上ヲ往復運航シ天潮丸ハ結氷中ハ自由港ニ従事ス

但甲線ハ一箇月三回以内天津ニ於ケル貨客ノ状

況ニ應シテ大連ニ歸着後芝罘ニ寄航シテ安東ニ
向フコトヲ得

第二航路

大連、芝罘、大連

本航路ハ利済丸ヲ以テ一箇年ヲ通シテ毎月十回以
上ヲ往復スルモノトス

第三航路

大連、旅順、登州府、龍口、石虎嘴、廻線

本航路ニハ龍平丸ヲ以テ自四月至十一月八箇月間
ハ毎月四回以上自十二月至三月四箇月間ハ石虎嘴

寄港ヲ廃シ毎月三回以上ヲ往復ス

第四航路

大連、天津、芝罘、上海、大連

本航路ニハ汽船博進丸ヲ使用シ毎月二回ノ定期航海ヲナシ冬季天津結氷中ハ大連芝罘上海間ヲ臨時航行スルモノトス

第五航路（大正三年志岐組ヨリ継承）

甲線　大連貔子窩、大連

乙線　大連、廣鹿島、小長山島、大長山島貔子窩廻線

本航路ハ臨時傭船第二十五永田丸ヲ使用シ甲線毎月

社報原稿用紙

No.

五回乙線ニ回以上ヲ航行ス

但自十二月至三月四箇月間ハ休航スルモノトス

第六航路（大正三年五月志岐組ヨリ継承）

大連、柳樹屯、大連、

本航路ニハ相生丸ヲ以テ毎日ニ回以上往復スルモノトス。

右ノ外手順丸及一進丸ハ臨時航ニ当テ一定ノ航路ヲ定メサレトモ追ム開拓ノ進捗ト共ニ沿岸ノ定期或ハ新航路ニ従事セシムル豫定ナリ

南満洲鉄道株式会社

第四　営業機関

本社一般ノ業務ハ社員河邊勝田中末雄ノ両名各會社ヲ代表シテ之ヲ施行シ尚各地ニ左ノ出張所及代理店ヲ設置セリ

一　天津出張所

一　安東出張所

一　神戸出張所

一　芝罘代理店

一　秦皇島代理店

一　旅順代理店

No.

社報原稿用紙

一、龍口ノ代理店
一、登州府ノ代理店
一、石虎嘴ノ代理店
一、貔子窩ノ代理店
一、上海ノ代理店

天津出張所及倉庫業

天津ニ於テハ當時將來同地貿易ノ發展ニ伴フテ營業上ニ利便ナラシメン為明治四十五年同地佛租界購鐵路炭場敷地ノ一劃ヲ借受ケ面積ニ二百坪ノ倉庫ヲ

建設シ同倉庫ヨリ発行スル證券ニ対シ金融ノ便ヲ正金銀行同地支店ニ於テ計ルコトトナシ爲ニ貿易業者ニ多大ノ利便ヲ與ヘ續イテ同地獨逸租界白河河岸ニ四千五十坪ノ敷地ヲ購入シ将来ニ備ヘタリ如上ノ施設ニ對シ一般貿易業者ハ其利便ヲ認識スルト共ニ該既設ノ佛租界倉庫ハ貨物ノ寄託多ク常ニ充溢シテ新ニ来ル顧客ノ要求ヲ充スコト能ハサルノ盛況ニ伺ヘリ而シテ天津ニ於ケル一般ノ貿易ハ年ヲ追ッテ増進ノ趨勢ヲ示スニ至リタルヲ以テ大正二年六月前記購入セシ獨逸租界敷地内ニ三百

社報原稿用紙

二十坪ノ倉庫二棟三百余坪ノ上家一棟及六十余坪ノ事務所外之ニ附屬スル支那人宿舎繫船場等ノ設備ヲナシ尚引續イテ大正三年ニ至リ旅客待合所税關檢查場等ノ増設ヲナシ同時ニ從來紫竹林碼頭ニ繫留セシメシ本社船舶ヲ本年四月ヨリ右新設ノ獨逸租界倉庫前ノ碼頭ニ繫留セシムルニ至レリ。

由来天津ニハ外國人ノ經營ニ係ル倉庫業二者アルノミニシテ各汽船業者又ハ問屋業者ハ自ラ倉庫ヲ有シ保管シツツアリテ之ニ依リテ金融ノ便利ヲ得ルコト能ハス常ニ非常ノ不便ヲ感シツツアリシナ

リ之ヲ以テ本社ハ天津ヘノ輸出入貨物ニシテ我社船ニヨリタルモノヲ積卸スニ際シ一時保管スルノ便ヲ正金銀行ト協約シ一般商品ノ保管ヲ兼営スルニ至リタルモノナルカ将来天津貿易ノ發展ニ連レテ必然来ルヘキ本社業務ノ進展ヲ慮リ本獨逸租界倉庫ト河ヲ距テテ露國租界ニ約四萬坪ノ空地ヲ買入レ以テ他日ノ施設ニ備ヘタリ

社報原稿用紙

No.

第五　営業ノ状態

北清輪船公司創立ノ初年度ハ営業費ノ節約ヲ計ル為メ営業ノ一部ハ田中商會（田中末雄經営ニ依リ明治三十五年以来北清方面ニ於ケル海運業ニ從事ス）他ノ一部ハ松茂洋行（明治三十五年営口ニテ創立以来當方面ノ海運業ニ從事ス）ニ於テ擔任シ別ニ公司ノ営業所ヲ設ケス同店員其事業ヲ分擔シテ取扱フコトトシタリシモ事業ノ進捗ト共ニ諸事不便ヲ免レサリシヲ以テ翌年度ヨリ現在事務所ヲ開設スルコトトセリ

社報原稿用紙

大正元年度（明治四十五年）ニ於テハ諸般ノ施設稍ヽ其緒ニ就キ殊ニ天潮丸済通丸ノ両新造船ノ運航ヲ見ルニ至リ一般ノ顧客ハ両船カ當地方沿岸航行ニ適合シテ利便多キヲ悉知シタル結果安東ヨリ天津ニ輸送サルル木材ノ如キハ常ニ満載ノ好況ヲ呈シ其外一般ノ旅客殊ニ天津ヨリ大連ヲ經テ日本ニ往来スルモノハ此ニ船ヲ俟テ旅程ニ上ルノ好調ヲ呈スルニ至リ為メニ貨客ノ收入ニ於テ漸ク見ルヘキモノアリト雖モ創立以来絶エス新規ノ施設ヲ為シ且ツ定期航海ヲ厳重ニ施行シタル等ノ為メ創立當初

ヨリ大正元年末迄ヲ通シテ金二萬四千四百三十七圓八十四錢ニ達ノ缺損ヲ示スニ至レリ

續イテ大正二年度ニ於テハ社船寄航地ノ取引先及一般貿易業者モ已ニ本社ノ營業振リヲ悉知シ貨客共漸次増加ノ傾向アリ前年度ニ續イテ益々社業進展ノ必要ヲ生シタルヲ以テ同年一月組織ヲ變更シ大連汽船合名會社ト改稱シ從来ノ資本金二萬圓ナリシヲ金十萬圓ニ増資シ船舶ニ於テハ平順丸龍平丸ヲ買收シ利濟丸ノ買約ヲナス等創立當初ノ計劃ヲ著々進捗セシムルニ至リタリ

全般ノ趨勢ハ前記ノ如ク寧ロ豫期以上ノ成績ヲ示シ之ニ對スル諸般ノ施設ヲ完成セシムルノ必要ヲ感ジ來リ特ニ営業航路中重要ナル天津ニ在リテハ倉庫ヲ増設シ事務所ヲ新設シ更ニ他日ニ備フル為メ地所ヲ買收スル等漸リ秩序的ニ經営ノ歩ヲ固メタリ

然レトモ創立以來殆ント絶エス將來ノ經営設備ニ汲々トシテ之レニ要スル費用ノ支出益多キヲ加ヘタル為メ支出計算ハ貨客運賃ノ増收ヲ見タルニ拘ラス尚損失金七千二百七十三圓四十三錢五厘トナ

No.

社報原稿用紙

リ之ヲ前年度ニ比スルトキハ約三分ノ一強ニ低減セシムルコトヲ得タリ

本年度（大正三年度）ニ入リテハ利通丸ノ買入天津倉庫ニ於ケル建物ノ増築大岐組ヨリ貔子窩及柳樹屯航路ノ継承博進丸一進丸ノ借入ト同時ニ新航路ノ開拓等本社將来ニ対スル業務ノ進展ニ著ク企劃ノ歩ヲ進メツツアリ去レハ本年度ヨリハ業務ノ擴張ト貨客ノ自然増加ニ伴ヒ前年度ノ損失ヲ回復スルニ至ルヘキヲ確信ス

今大正二年度ノ収支損益計算ヲ表示スルコト左ノ

南満洲鉄道株式会社

如ニ

大正二年度收支損益計算表

利益部

科目	金額	
航路補助金受	四一、二二五円	〇〇〇
貨物收入	一四八、二五四	一八〇
旅貨收入	四九、三八二	二三四
貸船料收入	六九、〇一五	六八〇
陸軍運輸部受入	一三、〇一三	〇九〇
郵便取扱收入	七九五	九五〇
本期缺損金	七、二七三	四三五
合計	三二八、九五九	五六九

損失部

科目	金額	
營業費	二七、六六八円	〇〇〇
船費	二六〇、一六五	八四四
船舶修繕費	一三、七三五	五三五
雜勘定	二、七六〇	二〇〇
利息	二四、六二九	九九〇
	三二八、九五九	五六九

整備項目			
索引番號　10		文書番號　15—1	

件名

大連汽船組織変更ニ對スル諸種登記

一五/一一/一〇

備考

B列5　（12. 7. 5,000枚 松浦屋納）

関東都督府地方法院長判官　多羅尾篤吉殿

南満洲鉄道株式会社

委任狀

ヲ代理人ト定メ左記權限ノ事ヲ委任ス

一、大正三年　月　日大連汽船株式會社ヲ設立シ本店ヲ大連市ニ設置シタルニ付大連民政署ニ之カ登記申請ヲ爲スノ事

右委任狀仍テ如件

大正　年　月　日

（取締役及監査役全員連名）

南滿洲鐵道株式會社

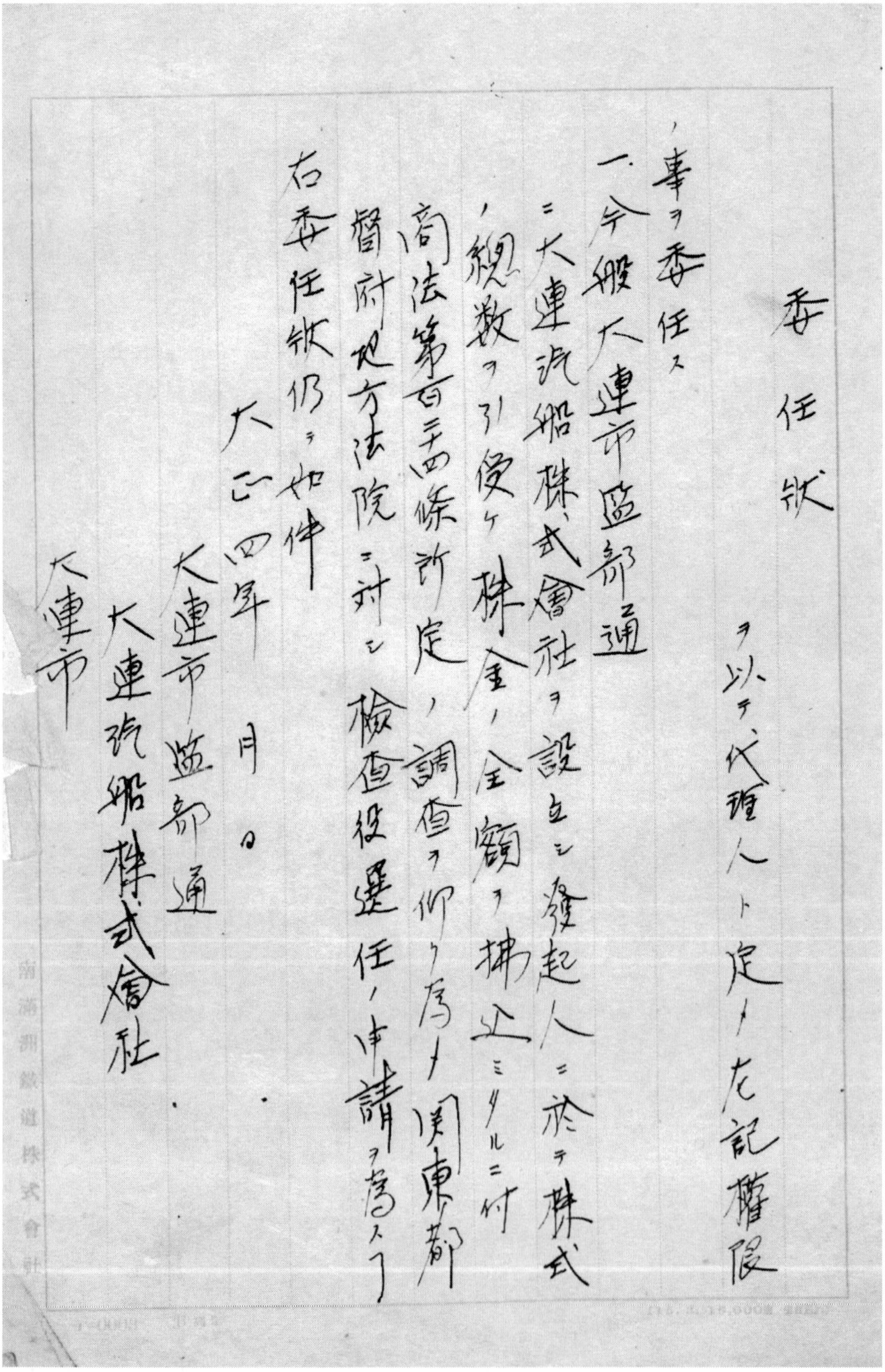

委任状

ヲ以テ代理人ト定メ左記権限ノ事ヲ委任ス

一、今般大連市監部通ニ大連汽船株式会社ヲ設立シ発起人ニ於テ株式ノ総数ヲ引受ケ株金ノ全額ヲ払込ミタルニ付商法第百二十四条所定ノ調査ヲ仰ク為メ関東都督府地方法院ニ対シ検査役選任ノ申請ヲ為ス事

右委任状仍テ如件

大正四年　月　日

大連市監部通

大連汽船株式会社

大連市

南満洲鉄道株式会社

貳通

委任状

右登記相成度此段申請候也

大正四年貳月十日

大連市監部通壱町目貳拾六號

（申請人）抵當權設定者　大連汽船合名會社

積　河邊勝

積　田中末雄

大連市

右代理人

大連市東公園町

（申請人）抵當權者　南滿洲鐵道株式會社

總裁　男爵　中村雄次郎

大連市播磨町ア区拾八番地

南滿洲鐵道株式會社

株式會社第一回拂込調査検査役選任申請

大連市監部通一丁目三十六番地

大連汽船株式會社取締役

大連市乃木町七番地二号

申請人　田沼義三郎

同

大連市若狭町旧稲二　三区二一号地

同　河邊勝

同

大連市霧島町七区三十一号地

同　田中末雄

同

大連市山城町

南満洲鐵道株式會社

同　　久保要蔵

同

大連市乃木町八處一号

同　　秋山清

申請ノ事由

大連汽船株式會社ハ

資本ノ總額　金五拾萬圓

一株ノ金額　金五拾圓

目的　(一)大連港ヲ中心トスル海運業

(二)倉庫業

本店　大連市監部通壹丁目二十六番地

ニ有之大正四年壹月二十八日定款ヲ作リ同日發起人

大連市
社員 河邊 勝
同市
社員 田中末雄
同市
右代理人

大連民政署長宛

南満洲鐵道株式會社

抵當權消滅ニ付抹消登記申請

一船舶ノ種類及積量

汽船　平順丸

總噸數　千六百九拾壹噸九貳

登簿噸數　千四拾八噸九七

一登記原因及其日附　大正四年貳月拾日附　貸金受取

證書

一登記ノ目的　大正貳年貳月拾七日申請　登記第九壹號

抵當權設定登記ノ抹消

一手数料　金拾銭

一添付書類　貸金受取證書　壹通

船舶所有者ノ權利ニ關スル登記済証　壹通

登記證書　壹通

船舶賣渡證書

一汽船　利濟丸

總噸數　六百六拾參噸六貳

登簿噸數　四百拾壹噸四四

船籍港　大連

右船舶汽罐其他附屬品共設備一切

此賣渡代金

右船舶當會社所有ノ處今般前記ノ代金ヲ以テ賣

會社ニ賣渡シ代金全額正ニ受取致候爲後日

賣渡證書仍テ如件

大正四年貳月拾日

大連市監部通壹丁目貳拾六號地

大連汽船合名會社

南滿洲鐵道株式會社

大連市

賣主

大連市監部通

買主　大連汽船株式會社

右代表者　取締役社長

右代理人

大連民政署長宛

道株式會社

合名會社解散ニ付登記申請

一、商号　大連汽船合名會社

一、本店　大連市監部通

一、登記ノ目的　解散ノ登記

一、登記ノ事由　大正四年　月　日解散シタルニ付登記ヲ求ムルニ在リ

一、解散ノ事由　總社員ノ同意

一、手数料　金貳圓也

一、添付書類　委任状　壹通

申請人
大連市監部通
大連汽船合名會社

南満洲鐵道株式會社

船舶賣買ニ付登記申請

船舶ノ表示

一、船舶ノ種類　汽船

船舶ノ名稱

積量　總噸數
登簿噸數

船籍港　大連

價額金

一、船舶ノ種類　汽船

船舶ノ名稱

積量　總噸數
登簿噸數

價額金

船舶抵當權設定登記申請

船舶ノ表示

一船舶ノ種類　汽船
船舶ノ名稱　泰山丸
積　量　總噸數　參五六九噸貳七
　　　　登簿噸數　貳貳壹貳噸九壹
船籍港　大連
右船舶汽機汽罐其他附屬品共設備一切

一船舶ノ種類　汽船
船舶ノ名稱　呉山丸
積　量　總噸數　參四八九噸五八
　　　　登簿噸數　貳五五七噸四
船籍港　大連

南滿洲鐵道株式會社

右船舶汽機汽罐其他附屬品共設備一切

一登記原因及其日附　大正貳年一月四日附抵當權設定金員貸借契約公正證書

一登記ノ目的　抵當權設定ノ登記

一債權額　金貳拾五萬圓

一辨濟方法　大正貳年八月ヨリ毎月金五千圓ツツ向フ五拾ヶ月間ニ月賦返濟ノコト

一利息　日歩貳錢貳厘

一利息支拂時期　大正貳年八月ヨリ元金月賦返濟ノ際壹ヶ年分ツツ支拂フコト

一手數料　金壹千五百圓

一添附書類　抵當權設定金員貸借契約公正證書　正本壹通

所有権保存登記済證　貳通

委任状　貳通

右登記相成度此段申請候也

大正貳年八月四日

抵当権設定者

大連市寺内通壹番地

橋本汽船株式会社

右法定代理人　取締役　橋本辰二郎

抵当権者

大連市東公園町

南満洲鐵道株式会社

右法定代理人　総裁　中村是公

大連市　近江町　乃区　壱号　貳番

南満洲鐵道株式會社

右代理人 佐竹義孝

大連民政署長 事務取扱

吉村源太郎殿

南満洲鉄道株式会社

株式會社設定登記申請

一商號　大連汽船株式會社

一本店　大連市監部通壹町目貳拾六番地

一登記ノ目的　株式會社設立ノ登記

一登記ノ事由　大正四年壹月貳拾一日發起人カ株式ノ總数ヲ引受ケ株式會社ヲ設立シ大正四年貳月　日商法第百二十四條ニ定メタル調査終了シタルニ因リ登記スル要項左ノ通リ

商號　大連汽船株式會社

本店　大連市監部通壹町目貳拾六番地

目的　一大連港ヲ中心トスル海運業

二倉庫業

設立年月日　大正四年貳月壹日　?

南滿洲鐵道株式會社

資本ノ總額　金五拾萬圓

一株ノ金額　金五拾圓

各株ニ付拂込ミタル株金額　金五拾萬圓

公告ヲ為ス方法　大連ニ於テ關東都督府カ公告ヲ掲載スヘキ新聞紙ヲ以テス

取締役ノ氏名　住所

取締役　大連市乃木町七番地二号　田沼義三郎

同　大連市若狭町貳拾壱番地　河邊勝

同　大連市霧島町ト区参拾壱番地　田中末雄

同　大連市兒玉町五番地四号　久保要藏

同　大連市乃木町八番地一号　秋山清

監査役ノ氏名　住所

監査役　大連市乃木町　川村鉚次郎

南満洲鐵道株式會社

監査役　大連市歳竹八番地九号　高木鐵太郎

一、課税標準價格　金五拾萬圓也

一、手数料　金六拾七圓

一、添付書類

定款

株主名簿

各発起人ノ引受ケタル株式ノ員数ヲ記載シタル書面

取締役及ヒ監査役ノ選任ニ関スル書類

委任状

右登記相成度此段申請候也

大正　年　月　日

申請人

南滿洲鐵道株式會社

大連市監部通

大連汽船株式會社

取締役

同

同

同

同

南滿洲鐵道株式會社

監査役

同

右代理人

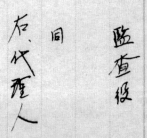

社員
社員

大連汽船株式會社
社長 田沼義三郎殿

南滿洲鐵道株式會社

商法

第七十四條　會社ハ左ノ事由ニ因リテ解散ス

一、存立時期ノ滿了其ノ他定款ニ定メタル事由ノ發生

二、會社ノ目的タル事業ノ成功又ハ其成功ノ不能

三、總社員ノ同意

四、會社ノ合併

五、社員ガ一人ト爲リタルコト

六、會社ノ破産

七、裁判所ノ命令

第七十六條　會社ガ解散シタルトキハ合併及ビ破産ノ場合ヲ除ク外二週間内ニ本店及ビ支店ノ所在地ニ於テ其登記ヲ爲スコトヲ要ス

第七十七條　會社ノ合併ハ總社員ノ同意ヲ以テ之ヲ

南滿洲鐵道株式會社

為スコトヲ得

第七十七條 會社ノ合併ハ總社員ノ同意ヲ以テ之ヲ為スコトヲ得

第七十八條 會社ガ合併ノ決議ヲ為シタルトキハ其ノ決議ノ日ヨリ二週間内ニ財産目録及貸借対照表ヲ作ルコトヲ要ス

會社ハ前項ノ期間内ニ其債権者ニ対シ異議アラハ一定ノ期間内ニ之ヲ述フヘキ旨ヲ公告シ且知レタル債権者ニハ各別ニ之ヲ催告スルコトヲ要ス但シ其期間ハ二ヶ月ヲ下ルコトヲ得ス

第七十九條 債権者ガ前條第二項ノ期間内ニ會社ノ合併ニ対シテ異議ヲ述ヘサリシトキハ之ヲ承認シタルモノト看做ス

債權者カ異議ヲ述ヘタルトキハ會社ハ之ニ辨濟ヲ為シ又ハ相當ノ擔保ヲ供スルニ非サレハ合併ヲ為スコトヲ得ス

前項ノ規程ニ反シテ合併ヲ為シタルトキハ之ヲ以テ異議ヲ述ヘタル債權者ニ対抗スルコトヲ得ス

第八十條　會社カ第七十八條第二項ニ定メタル公告ヲ為サスシテ合併ヲ為シタルトキハ其合併ハ之ヲ以テ其債權者ニ対抗スルコトヲ得ス

會社カ知レタル債權者ニ催告ヲ為サスシテ合併ヲ為シタルトキハ其合併ハ之ヲ以テ其催告ヲ受ケサリシ債權者ニ対抗スルコトヲ得ス

第八十一條　會社カ合併ヲ為シタルトキハ二週間内ニ本店及支店ノ所在地ニ於テ合併後存續スル會社ニ付テハ変更ノ登記ヲ為シ合併ニ依リテ消滅シタル會社

ニ付テハ解散ノ登記ヲ為シ合併ニ依リテ設立セラレタル
會社ニ付テハ第五十一條第一項ニ定メタル登記ヲ
為スコトヲ要ス
第八十二條　合併後存續スル會社又ハ合併ニ因リテ
設立シタル會社ハ合併ニ因リ消滅シタル會社ノ權
利義務ヲ承継ス
第八十三條　解散ノ場合ニ於ケル會社財産ノ處分方法
ハ定款又ハ總社員ノ同意ヲ以テ之ヲ定ムルコト
ヲ得此ノ場合ニ於テハ解散ノ日ヨリ二週間内ニ財
産目録及貸借対照表ヲ作ルコトヲ要ス
第七十八條第二項第七十九條及第八十條ノ規定ハ
前項ノ場合ニ之ヲ適用ス
第八十六條　前條ノ規定ニ依リテ會社財産ノ處分

方法ヲ定メサリシトキハ合併及破産ノ場合ヲ除ク
外後十五條ノ規定ニ従ヒテ清算ヲ為スコトヲ要ス
第百十九條　株式會社ノ設立ニハ七人以上ノ發起人アル
コトヲ要ス
第百二十二條　左ニ掲ケタル事項ヲ定メタルトキハ之ヲ定款ニ
記載スルニ非サレハ其效ナシ
一、存立時期又ハ解散ノ事由
二、株式ノ額面以上ノ發行
三、發起人カ受クヘキ特別ノ利益及之ヲ受クヘキ者ノ氏名
四、金銭以外ノ財産ヲ以テ出資ノ目的ト為ス者ノ氏名、
其財産ノ種類、價格及之ニ対シテ與フル株式ノ数
五、會社ノ負擔ニ歸スヘキ設立費用及發起人カ受クヘキ
報酬ノ類

南滿洲鐵道株式會社

第百二十三條

發起人カ株式ノ總數ヲ引受ケタル時ハ會社ハ之ニ因リテ成立ス此ノ場合ニ於テハ發起人ハ遅滞ナク株金ノ四分ノ一ヲ下ラサル第一回ノ拂込ヲ爲シ且ツ取締役及監査役ヲ選任スルコトヲ要ス此ノ選任ハ發起人ノ議決數ノ過半數ヲ以テ之ヲ決ス

第百二十四條

取締役ハ其選任後遅滞ナク第百二十三條第三項ニ掲ケタル事項及第一回ノ拂込ヲ爲シタルヤ否ヤヲ調査セシムル爲メ檢査役ノ選任ヲ裁判所ニ請求スルコトヲ要ス

裁判所ハ檢査役ノ報告ヲ聽キ第百三十五條ノ規程ニ準據シテ相當ノ處分ヲ爲スコトヲ得ル

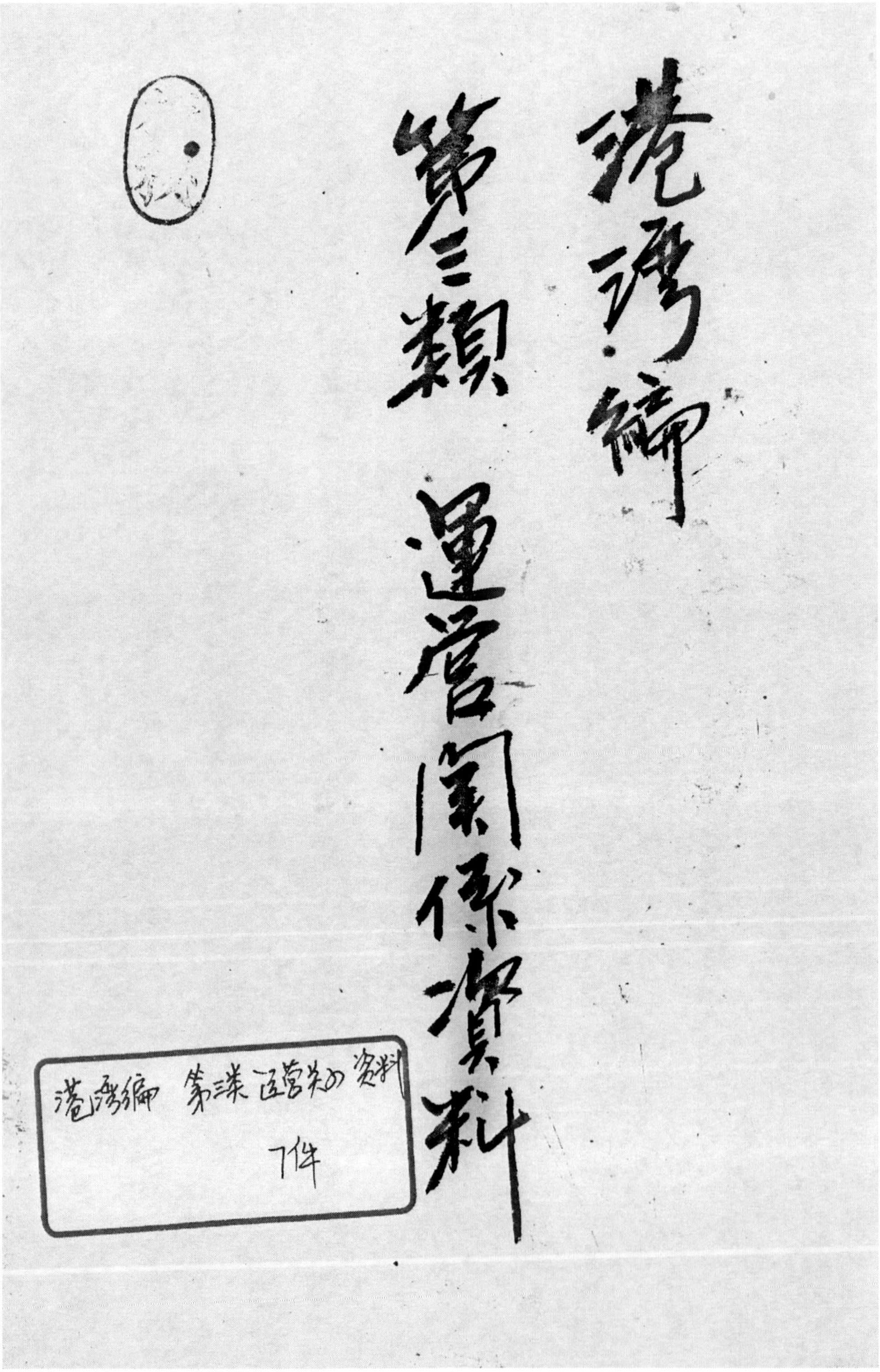
港灣編
第三類　運營關係資料

港湾编　第三类　运营关系资料
7件

資料目次

第三類　運営関係

整理番號	件名
1	埠頭繋留船舶ニ関スル報告書（明治四十一年一月）
2	大連港四十一年下半期豫算及査定
3	御用船入港手数料ニ関スル件（明治四十二年四月）
4	貔子窩航海路埠頭繋船料免除ニ関スル件（明治四十二年七月）
5	大連埠頭貨物積卸能力其他調査（明治四十二年八月）
6	関東都督府海務局艀船貸渡契約（明治四十二年九月）

南満洲鐵道株式會社

ヨ-0008　B列5

7 関東州租借地税関仮規則第二十六条ニ関スル件（明治四十三年六月）

8 鉄嶺丸遭難ニ関スル件（明治四十三年八月）

9 埠頭事業ニ関シ拓殖局ヨリノ問合セ及ビ其ノ回答（明治四十五年五月）

10 軍用品埠頭荷役ニ関シ運輸支部ト交渉書類（明治四十五年度）

11 院、商船、東清其ノ他間、貨物聯絡運輸ニ関スル件認可（大正二年）

12 欧州大戦時局ニ対スル保険料ノ件（大正三年八月）

13 兵器弾薬取締ニ関スル件（大正三年九月）

14 各港諸掛比較（大正三年十二月）

15 大正四年度大連港輸出入貨物調表

16 大正四年度大連埠頭概況報告書

17 大正五年度大連埠頭業務報告書

18 大正六年度大連埠頭概況報告書

19 大正七年度大連埠頭概況報告書

南滿洲鐵道株式會社

20 大連、営口、安東、鉄道連絡貨物費用調（大正七年）
21 埠頭料金表改正認可（大正九年十一月十五日）
22 大正十年度大連港貿易概況（大連商業会議所編）
23 埠頭船舶取扱規則、料金率改正認可（大正十年六月二十五日）
24 埠頭貨物取扱規則中改正認可（大正十一年五月二十九日）
25 埠頭貨物取扱規則及埠頭船舶取扱規則中改正ノ件（大正十三年十二月）
26 埠頭貨物取扱規則中改正ノ件（大正十四年十二月）
27 埠頭船舶取扱規則中改正ノ件（大正十五年一月）
28 埠頭船舶取扱規則中改正ノ件（昭和二年三月）
29 大連第二埠頭五、六號倉庫改築ノ件（昭和二年九月）
30 大連第一埠頭変電所増築ノ件認可（昭和四年一月）
31 大連第二埠頭五、六號倉庫改築工事設計変更認可（昭和四年一月）
32 大連第一埠頭両側及甲埠頭岸壁並倉庫改築ニ関スル件（昭和四年三月）

33 日満連絡航路ノ回顧（渡部重吉氏）

34 大連港ノ貿易、南満ノ貿易ノ概勢（篠崎嘉郎氏）

35 大連港ノ出入貿易、直接外国貿易（〃）

36 大連港ノ沿岸貿易（〃）

37 大連港ノ仲継貿易（〃）

38 関税、関税制度（〃）

39 大連港ノ海運賃（〃）

40. 大連港ノ諸料金（〃）

41. 大連港ノ船舶取扱（〃）

42 大連港ノ苦力（海務局）

43 大連港ノ繋船岸壁及荷捌料金（海務局）

44 苦力ノ源ヨリ見タル三十年間ノ飛躍的伸展（秋山卯八氏）

45 関東州ノ塩業概況（篠崎氏）

南満洲鐵道株式會社

ヨ-0003　B列5

46 創業以来ノ営業概況（年次別）（総計年報）
47 営業年報（総計年報）
48 日本海航路ノ使命（海運）
49 将来ノ海運ニ就テ（〃）
50 過去四十年間ニ於ケル本邦商船ノ発達（〃）
51 支那事変ト我カ海運（〃）
52 北支海運業ノ発達ト趨勢（〃）
53 渤海ヲ中心トスル海運界最近ノ動向（〃）
54 本邦海運ノ内面的概観
55. 大連－大阪線（商船五十年史）

复命号 No 43

整備項目	港湾運営		
索引番號	118	文書番號	4

件名

埠頭繋留船舶ニ関スル報告書

（十一年一月）

備考

22

(12. 7. 5,000枚 松浦屋納)

No.

報告書

昨年十月中埠頭ニ繋留セシ汽船ハ一日平均二隻九分、四千五百九十五屯、十一月中ニハ一日平均三隻三分、四千六百六十九屯十二月中ニハ一日平均三隻七分、五千〇九十九屯、一月中(一日ヨリ十五日迄)ニハ一日平均四隻二分、五千三百九十三屯ニシテ其詳細ノ実ニ至リテハ嚮導料、曳船料其他船舶給水等ト共ニ別紙統計表ニ計上セリ。而シテ一月下旬営口結氷ノ結果豆、豆粕等積込ミノ為メ当港ニ回港シ来レル船舶ハ漸次増加セルノミナラズ、当杜桟料品搭載ノ外国船引続キ入港セルヲ以テ毎日埠頭ニ繋留シテ荷役ニ従事セル船舶ハ平均十隻以上十(以)七隻ニ及ビ港内ニ充モ

No. ＿＿＿＿

多数碇泊セルトキハ二十九隻ニ上レリ
此状態ハ此後二三ケ月間継続スルモノナルガ故ニ当掛ニ於テハ
種々手配ノ下ニ一般ノ船舶及ビ荷主ニ対シテ公平ニ充分ノ便宜
ノ与フルコトヲツトメ居候
右及御報告候也

明治四十一年一月十七日

埠頭事務所船舶掛

監督船長　松尾小三郎（印）

ョ－0022　B列5　28字×10　南満洲鐵道株式會社　（13.9.5,000冊）

免解No42

整備項目	港湾	運営	
索引番號	118	文書番號	1.

備考

件名

大連港四十一年下半期予算及查定

7

B列5　(12. 7. 5,000枚 松浦屋納)

No.

明治四十一年度下半期豫算査定額比較調書

會計課

科目	豫算額	査定額	摘要
港湾	五九五、六八〇九〇	二、五五二七〇〇〇	三、十、木四大圓ノ増額ニ付控除ス
事務費	三一、〇九、[illegible]八〇	二二、〇九一〇〇〇	一、中、三十九圓増額セリ
俸給	九、二〇〇〇〇		
給料	三、一八五〇〇〇		
諸手當	九、一二〇〇〇〇		
旅費	四、八九六八八〇		
交通費	六〇〇〇〇		
通信費	一二〇〇〇〇		

マ-0022　B列5　28字×10　南滿洲鐵道株式會社　(13. 9. 10,000 冊 結川讃)

No.

図書費	一、五〇〇、〇〇〇
印刷廣告費	二〇〇、〇〇〇
文具費	一、八〇〇、〇〇〇
備品費	一、一〇〇、〇〇〇
消耗品費	二、四〇〇、〇〇〇
試験費	四二〇、〇〇〇
雑費	六〇〇、〇〇〇
築港費	三三二、六四六、〇〇〇
測量費	〇
埋築費	二八、〇〇〇、〇〇〇

~~二〇、〇〇〇四八貯蔵品使用ノ見込~~

No.

浚渫費	四一、四九〇、四〇〇
護岸費	一、三九四、〇〇〇
防波堤費	一四五、五〇〇、〇〇〇
埠頭費	五〇、七一六、〇〇〇
棧橋費	〇
機器費	六〇、〇〇〇、〇〇〇
船舶費	四七九、七〇〇、〇〇〇
小蒸汽船費	一〇、〇〇〇、〇〇〇
浚渫船費	五〇、〇〇〇、〇〇〇
起重機船費	三〇、〇〇〇、〇〇〇

ヲ-0022　B列5　28字×10　南滿洲鐵道株式會社　(13. 9. 10,000 冊 鮎川舗)

No.

運搬船費	一、〇〇〇、〇〇〇	
工場費	八四八、〇〇〇	八二、八三〇、〇〇〇
土工費	〇	
建物費	三六、五〇〇、〇〇〇	
機器費	一〇、〇〇〇、〇〇〇	
設備費	二八、三三〇、〇〇〇	
埠頭設備費		一八、六四六、〇〇〇
繋船物費		二一、〇〇〇、〇〇〇
防船柵費		一、〇〇〇、〇〇〇

埠頭事務所ノ属ノ分

No.

倉庫費	六七九二〇〇〇
上屋費	三五四〇〇〇
附属建物費	四五〇〇〇〇

-0022　B列5　28字×10　南満洲鐵道株式會社　(13. 9. 10,000冊 [illegible])

築港工事費豫算年度区分表

工事名	四十年度	四十一年度	四十二年度	四十三年度	四十四年度	四十五年度	計	備考
北防波堤修築工事	0	102.300 000	350.000 000	350.000 000	350.000 000	280,200 000	1432.500 000	
東防波堤修築工事	43,248 000	255.000 000	150.000 000	150.000 000	50.652 000	0	648.300 000	
東埠頭岸壁修築工事	23,169 000	52.829 000	150.000 000	150.000 000	144.002 000	0	520.000 000	
東埠頭埋築工事	0	0	43.500 000	88.500 000	88.500 000	0	220.500 000	
東埠頭護岸修築工事	4.839 000	33.917 000	1.694 000	0	0	0	40.450 000	本工事ノ内亀腹張石ハ東埠頭埋築工事竣功ノ後施ス
東埠頭東側捨石工事	0	3.600 000	0	0	0	0	3.600 000	
築港工場用地埋築工事	6.500 000	61.780 000	90.000 000	88.065 000	0	0	246.345 000	
大山通埠頭築造工事	0	7.264 000	35,861 000	0	0	0	43.125 000	
大山通埠頭東西護岸築造工事	0	13.940 000	20.495 000	0	0	0	34.435 000	
築港工場設置工事	43.155 000	174.734 900	10.000 000	10.000 000	10.200 000	7.650 100	255.600 000	
浚渫工事	5.818 250	174.539 170	250.000 000	250,000 000	200.000 000	169.672 580	1050.000 000	四十一年度ノ内旅順海軍鎮守府ヨリ借入レタル浚渫泥受船二隻ノ修繕費八万七千四百二十一円七十五銭ア
中央船溜捨石取除及浚渫工事	0	12.200 000	0	0	0	0	12.200 000	
中央船溜突堤修築工事	0	3.870 000	0	0	0	0	3.870 000	
大埠頭下水道築造工事	10.442 900	954 500	0	0	0	0	11.397 400	
大埠頭道路築造工事	3.480 000	0	0	0	0	0	3.480 000	
測量費	13.450 000	0	0	0	0	0	13.450 000	
船舶器具機械費	116.061 000	133.965 640	150.000 000	150.000 000	100,000 000	59.879 360	1.209.846 000	
監督費	33.745 000	65.231 880	130,000 000	130.000 000	130.000 000	101.963 120	591.000 000	
計	303,908 150	1.596.156 090	1.381.550 000	1.366.565 000	1.072,554 000	619.365 160	6340.098 400	

勘定科目	四十年度	四十一年度	四十二年度	四十三年度	四十四年度	四十五年度	計	備考
港湾	303.918 150	1.596.156 090	1.381.550 000	1.366.565 000	1.072.554 000	619.365 160	1.340.09[illegible] 400	
事務費	33.745 000	65.291 880	130.000 000	130.000 000	133.000 000	101.963 120	59[illegible].000 000	
俸給	9.157 000	17.820 000	28.560 000	28.5[illegible] 000	28.560 000	28.560 000	141.217 000	現員現給ニ依ル外四十一年度ニ於テ書記二人技手十二人四十二年度ニ於テ書記五人技手九人雇十二人増員見込
給料	809 390	4.085 000	12.464 000	12.464 000	12.464 000	12.464 000	54.750 390	現員現給ニ依ル外四十一年度ニ於テ傭人十人四十二年度ニ於テ傭人十一人増員見込
詰手当	6.421 000	17.820 000	28.560 000	28.5[illegible] 000	28.560 000	28.560 000	138.481 000	俸給説明ニ同
旅費	6.993 810	9.896 880	9.440 000	2.261 000	2.261 000	2.261 000	33.113 740	俸給説明ノ新任者ノ赴任旅費四十一年分4,418円24銭四十二年度分ヲ1,791円[illegible]ノ外内地出張旅費技師一人技手四人書記三人雇二人各一回三十日分2,261円ヲ毎年計上ス
交通費	1.408 620	150 000	450 000	450 000	450 000	450 000	3.358 620	
通信費	16 300	300 000	400 000	400 000	400 000	400 000	1.916 300	
図書費	95 120	330 000	500 000	500 000	500 000	500 000	2.425 120	
印刷広告費	0	20 000	100 000	100 000	100 000	10.0[illegible] 000	10.320 000	
文具費	1.478 066	4.500 000	12.526 000	14.705 000	14.705 000	10.000 000	57.914 066	
備品費	5.460 233	3.400 000	15.000 000	15.0[illegible] 000	15.000 000	1.000 000	54.860 233	
消耗品費	1.331 000	5.200 000	20.000 000	25.000 000	25.000 000	5.000 000	81.531 000	
試験費	0	570 000	800 000	[illegible] 000	800 000	500 000	3.470 000	
雑費	574 411	1.200 000	1.200 000	1.2[illegible]	1.200 000	2.268 120	7.142 531	
築港費	154.165 090	849.716 470	1.101.550 000	1.08[illegible] 000	837.554 000	454.849 800	[illegible] 400	
測量費	13.450 000	[illegible]	0	0	0	0	13.450 000	一般港湾測量調査ハ四十年度ヲ以テ完結シ四十一年度ノ各工事費ニ包含ス已ニ施行済ニ付内訳書添付セス
埋築費	6.500 000	61.71[illegible] 000	133.500 000	176.5[illegible] 000	88.500 000	0	466.845 000	築港工場用地埋築工事費246,345円[illegible]埋築工事費22[illegible]ヲ計上ス内訳別紙ノ通リ
浚渫費	5.818 250	186.7[illegible]9 170	250.000 000	250.0[illegible] 000	200.000 000	169.172 580	1.062.200 000	大連浚渫工事費1,050,000円中央船溜捨石取除及浚渫費12,200円ヲ計上ス内訳別紙ノ通リ
護岸費	0	13.[illegible]40 000	20.495 000	0	0	0	34.435 000	大山通埠頭東西護岸築造工事費34,435円内訳別紙通
防波堤費	43.248 000	361.070 000	500.000 000	500.0[illegible] 000	400.052 000	280.200 000	2.084.670 000	東防波堤築造工事費647,300円北防波堤修築工事1,432,500円中央船溜東堤修築工事費3,870円ヲ計上ス内訳別紙ノ通リ
埠頭費	41.930 900	90.564 500	187.555 000	150.[illegible] 000	144.002 000	0	622.052 400	東埠頭岸壁修築工事費520,000円[illegible]工事費[illegible]捨石工事費3,100円大山通埠頭築造工事費[illegible]修築工事費11,997円40銭[illegible]内訳別紙ノ通リ
機器費	43.217 940	1[illegible]9.552 840	10.000 000	1[illegible] 000	5.000 000	4.977 220	200.748 000	内訳別紙ノ通リ
船舶費	56.206 140	450.105 100	130.000 000	13[illegible] 000	86.000 000	47.602 760	900.914 000	
小蒸気船費	19.841 000	60.159 000	0	0	0	0	80.000 000	内訳別紙ノ通リ
浚渫船費	0	95.416 000	86.000 000	131.[illegible] 000	86.000 000	43.000 000	441.416 000	仝上
起重機船費	0	201.712 000	0	0	0	0	201.712 000	仝上
給水船費	0	3.036 500	9.109 500	0	0	0	12.146 000	仝上
伝馬船費	36.365 140	89.781 600	34.890 500	0	0	4.602 760	165.640 000	仝上
工場費	59.791 920	231.642 600	20.000 000	1[illegible] 000	19.200 000	14.949 480	313.784 000	
建物費	17.159 620	42.294 000	9.515 380	[illegible] 000	9.500 000	6.000 000	93.800 000	仝上
機器費	16.636 920	56.247 700	10.000 000	[illegible] 000	9.000 000	7.299 380	108.184 000	仝上
							[illegible]1.800 000	仝上

十月分　小蒸汽　就業

船名	屯数	乗組 人員	乗組 給額	就業日数	使用 回数	使用 料金	就業用消耗品 石炭 噸	石炭 価格	其他価格	価格計
新高丸	116	14	508 85	26	0	0 00	28	168 00	180 28	348 28
沖ノ浦賀丸	171	14	488 15	31	0	0 00	35	210 00	245 26	455 26
椅子山丸	211	15	420 55	11	0	0 00	18	108 00	202 05	310 05
案子山丸	150	10	329 40	31	0	0 00	16	96 00	51 17	147 17
仁保丸	14	5	184 04	31	0	0 00	7½	45 00	94 33	139 33
乙姫丸	15	5	158 84	30	3	41 50	6½	39 00	75 62	114 62
	727	13	2,089 84	180	3	400 00		611 00	848 71	1,514 71

十月中ハ検疫所ヘ使用
料金ハ特別契約ナリ

十月分

給水所別表

給水所別	回数	供給屯量 有料	供給屯量 無料	計	料金合計
定期船	17	206 3	0 0	206 3	103 15
当所属汽船	50	0 0	169 0	169 0	0 00
不定期船	24	280 5	0 0	280 5	140 25
御用船	5	0 0	97 2	97 2	0 00
陸軍運輸部汽船	41	0 0	616 5	616 5	0 00
軍艦	2	62 0	0 0	12 0	31 00
外国船	9	334 0	0 0	334 0	167 00
雑用	27	0 0	180 5	180 5	0 [illegible]

十月分

会社所属船舶

船種	隻数	屯数	乗組人員	給料			就業日
				月給	日給	合計	
小蒸汽船	6	727	63	644 00	1.445 84	2.089 84	160
給水船	7	390	15	0 00	422 53	422 53	124
浚渫船	0	0	0	0 00	0 00	0 00	0
土運船	0	0	0	0 00	0 00	0 00	0
艀船	7	516	15		137 95	137 95	211
運貨船	2						62
傳馬船	5						155
喞筒船	1	25	2	46 00	29 45	75 45	31

十月分　船舶運轉收支月計表

料目	借方		料目	貸方	
嚮導料	200	00	俸給諸給	2.888	75
曳船料	1.330	00	消耗品	666	10
小蒸汽船使用料	40	00			
小蒸汽船貸與料	922	00			
給水料	441	40			
艀船使用料	181	13			
雜收入	20	12			

十月分　船舶出入

入港				出港			
仕出港名	隻数	總屯数	揚荷屯数	仕向港名	隻数	總屯数	積荷屯数
門司	26	59.130	14.783	門司	24	63.098	3.188
長崎	6	6.756	984	長崎	3	5.817	23
博多	1	1.059	250	博多	1	1.059	1.200
唐津	2	4.238	110	唐津	1	2.128	0
小樽	2	4.853	4.736	口之津	1	2.166	0
室蘭	1	2.521	3.106	武豊	1	612	70
釧路	1	1.575	1.877	糸崎	1	4.556	0
石浃	1	4.566	1.010	仁川	6	11.249	540
仁川	3	9.553	1.457	カルカッタ	1	4.664	540
安東縣	4	1.556	63	竜岩浦	5	1.170	0
竜岩浦	5	1.665	0	旅順	3	6.743	32
旅順	3	5.817	0	芝罘	21	6.323	110
芝罘	18	4.979	0	牛荘	5	8.981	168
牛荘	3	5.736	610	営口	3	3.527	0
営口	2	2.468	0	大沽	3	2.739	0
大沽	2	705	0	上海	1	1.862	0
上海	3	9.044	2.300	貔子窩	2	200	11
貔子窩	2	200	15	香港	2	3.394	0
[illegible]育	4	18.043	8.832				

十月分

船舶取扱

船籍	船別	隻数	總屯数	延 隻数	延 屯数	延 日数	嚮導 回数	嚮導 料金	曳船 回数	曳船 料金	給水 回数	給水 有料	給水 無料	給水 屯量計	給水 料金計	料金總合計
日本	定期船	18	26.109	47	92.465	71	0	000	50	520 00	17	206 3	00	206 3	103 15	623 15
	不定期船	14	26.419	15	117.577	50	0	000	21	515 00	24	280 5	00	280 5	140 25	655 25
	御用船	7	17.475	13	105.692	46	0	000	10	000	5	0 0	97 2	97 2	000	0 00
	計	39	70.003	75	315.734	167	0	000	81	1.035 00	41	486 8	97 2	584 0	243.40	1278 40
外國	英船7 獨船1 不定期船	8	28.496	9	40.481	62	8	200 00	10	295 00	9	334 0	00	334 0	167 00	662 00
	計	8	28.496	9	40.481	62	8	200 00	10	295 00	9	334 0	00	334 0	167 00	662 00

注意　定期船中ニハ半御用船及三分ノ一御用船ヲモ含有ス

十一月分　船舶取扱

船籍	船別	隻数	總屯数	泊 隻数	屯数	日数	水路嚮導 回数	料金	曳船 回数	料金	給水 回数	有料	無料	屯量計	料金計	料金總合計
日本	定期船	21	63,070	63	136.907	95	0	0 00	32	760 00	14	117 34	407 00	524 34	58 67	818 67
	不定期船	11	24.491	18	48.877	35	0	0 00	21	565 00	10	115 50	0 00	115 50	57 75	622 75
	御用船	5	11.173	8	44.172	22	0	0 00	11	0 00	8	0 00	217 15	217 15	0 00	0 00
	計	42	98.734	89	232.456	152	0	0 00	64	1.325 00	32	232 84	624 15	856 99	116 42	1.441 42
	備考	※御用船ハ皆定期船ナルヲ以テ定期船欄内ニ含マシム														
外国	不定期船	13	37.822	14	167.113	69	15	375 00	20	480 00	15	341 00	0 00	341 00	170 50	1.025 50
	計	13	37.822	14	167.113	69	15	375 00	20	480 00	15	341 00	0 00	341 00	170 50	1.025 50
總計		55	136.556	103	397.419	221	15	375 00	84	1805 00	47	573 84	624 15	1.197 99	286 92	2.466 92

船舶出入

十一月分

入港				出港			
仕出港名	隻数	總噸数	揚荷噸数	仕向港名	隻数	總噸数	積荷噸数
門司	19	45.254	13.867	門司	25	58.549	5.330
長崎	4	7.287	199	長崎	3	8.532	36
仁川	8	11.306	3.933	仁川	7	7.995	130
牛荘	11	17.374	1.693	牛荘	4	5.024	0
芝罘	31	17.274	2.190	芝罘	33	25.597	2.733
大沽	7	8.201	544	大沽	6	6.844	0
旅順	2	3.878	0	旅順	4	5.204	0
小樽	3	4.450	0	安東縣	3	1.164	0
安東縣	3	1.182	3.346	武豊	1	1.182	0
貔子窩	4	460	0	貔子窩	4	460	46
竜巖浦	2	1.670	0	竜巖浦	1	334	0
紐育	4	17.893	11.500	台湾	1	997	95
シヤトル	1	3.349	2.900	四日市	1	1.480	0
				香港	2	3.271	1.598

備考　全部陸軍御用船ノ揚荷噸数、積荷噸数ハ零トシテ加入セズ
牛荘ノ中ニ営口ヲ含マシム

十一月分

船舶運轉收支月計表

料目	借方		料目	貸方	
嚮導料	375	00	俸給諸給	2.752	70
曳船料	1805	00	艀船々夫利益配当	270	40
小蒸氣船使用料	75	00	消耗品費	1.960	655
小蒸氣船賃貸料	93	00			
給水料	286	92			
艀船使用料	907	46			

備考　外ニ船舶修繕費
　　　同棧料費アリ

十一月分　給水所別表

給水所別	回数	供給屯量			料金計
		有料	無料	計	
定期船	14	117 34	0 00	117 34	58 67
當所属汽船用	66	0 00	243 00	243.00	0 00
不定期船	10	96 00	0 00	96 00	48 00
御用船	8	0 00	217 15	217 15	0 00
陸軍運輸部汽船	27	0 00	164 00	164 00	0 00
軍艦	5	19 50	0 00	19 50	9 75
外國船	15	341 00	0 00	341 00	170 50
雑用	20	0 00	74 00	74 00	0 00

十一月分

会社所属船舶

船種	隻数	屯数	乗組人員	給料 月給	給料 日給	給料 合計	就業日数
小蒸汽船	1	727	63	2.116 00	000	2.116 00	168
給水船	7	490	15	000	427 20	427 20	120
浚渫船	0	0	0	000	000	000	0
土運船	0	0	0	000	000	000	0
船	1	516	15	000	133 50	133 50	183
貨船	2	不明	0	000	000	000	60
馬船	5	不明	0	000	000	000	150
筒船	1	25	2	46 00	30 00	76 00	30
	28	1758	95	2.162 00	540 70	2.752 70	711

小蒸汽船就業（十一月分）

船名	屯数	乗組 人員	乗組 給額	就業日数	使用料 回数	使用料 料金	貸渡料 回数	貸渡料 料金	就業用消耗品 石炭 数量	就業用消耗品 石炭 価額	其他価額	価額計
新高丸	116	14	508 00	27	1	10 00	0	0 00	42	336 00	129 145	465 145
第二浦賀丸	171	14	512 00	27	2	20 00	0	0 00	31	248 00	178 205	426 205
椅子山丸	211	15	428 00	24	1	10 00	2	25 00	44	352 00	92 405	444 405
案子山丸	150	10	336 00	30	1	10 00	2	5 00	33	264 00	151 725	415 725
仁保丸	14	5	176 00	30	2	25 00	3	21 00	75	60 00	36 385	91 385
乙姫丸	15	5	156 00	30	0	0 00	4	42 00	65	52 00	60 790	112 790

十二月分　　護岸延長ト流船延トノ比較

繋船区域	着桟隻数	繋船区域ノ長サ	十一月中着桟流船延長	流船延長ニ対スル護岸長サノ比例（十一月分）
A.	16	80	3.696.00	46.20
B.	11	444	2.928.00	6.59
C.	2	444	685.20	1.54
D.	2	356	3.703.20	10.40
E.	2	490	10.915.00	22.37
F.	2	490	12.137.60	24.75
G.	17	490	7.531.13	15.37
H.	17	490	7.542.50	15.39
I.	14	612.5	6.984.88	11.40
J.	17	612.5	8.212.78	13.40
K.	14	528	5.779.00	10.94
L.	4	528	7.557.40	14.312
	118	5566	77.716.09	

繋船護岸延長ハ　5.566尺ニシテ
繋留流船長サノ延長ハ　77.716尺ナリ

繋船護岸ノ延長一尺ニツキ十一月中繋留流船長サノ延長拾参尺九寸六分ノ割合ナリ

十二月分　船舶取扱

船籍	船別	隻数	總屯数	繋留 回数	繋留 料金	曳船 回数	曳船 料金	給水 回数	給水 有料	給水 無料	給水 屯量計	給水 料金計	料金總合計
日本	定期船	74	75.126	0	0.00	27	710.00	29	331.70	0.00	331.70	165.85	875.85
	不定期船	22	31.192	0	0.00	43	720.00	17	223.10	0.00	223.10	111.55	831.55
	御用船	7	12.381	0	0.00	不明	0.00	4	0.00	101.10	101.10	0.00	0.00
	計	103	118.699	0	0.00	70	1.430.00	50	554.80	101.10	655.90	277.40	1.707.40
外國	不定期船	13	39.398	14	350.00	24	825.00	24	603.50	0.00	603.50	301.75	1.476.75
	計	13	39.398	14	350.00	24	825.00	24	603.50	0.00	603.50	301.75	1.476.75
總計		116	158.097	14	350.00	94	2255.00	74	1158.30	101.10	1.259.40	579.15	3.184.15

御用船ハ曳船料水料共ニ徴収セズ

埠頭着離船舶

十二月中

内國船

入港			出港		
仕出港名	隻数	総屯数	仕向港名	隻数	総屯数
門司	24	56.760	門司	28	66.931
芝罘	53	26.689	芝罘	50	23.427
旅順	9	9.102	旅順	9	9.716
長崎	4	5.280	長崎	3	5.812
仁川	4	7.913	仁川	2	1.402
大沽	3	5.531	大阪	2	2.051
博多	2	2.051	四日市	2	3.468
秦皇島	2	3.213	神戸	1	1.480
鎮南浦	2	2.155	亀崎	1	1.182
			武豊	1	1.682
			厦門	1	1.448
			糸崎	1	992
	103	118.199		101	120.091

外國船

仁川	1	1.424	神戸	1	4.158
芝罘	1	1.718	門司	2	9.036
リバープール	1	6.939	汕頭	1	1.383
ニューヨルク	5	20.823	芝罘	8	14.981
上海	5	8.494			
	13	39.398		12	29.558

十二月分

船舶運轉收支月計表

科目	借方		科目	貸方	
嚮導料	350	00	俸給諸給	2,810	50
曳船料	2,255	00	消耗品費	不	祥
小蒸汽船使用料	235	00	船舶修繕費		〃
小蒸汽船賃貸料	24	50	雜費		〃
給水料	579	15			
艀船使用料	317	80			
桟木溜收入（土地使用料）	37	46			

十二月分

給水所別表

給水所別	回数	供給量 有料		供給量 無料		供給量 計		料金合計	
定期船	29	331	70	0	00	331	70	165	85
当所属汽船用	75	0	00	245	50	245	50	0	00
不定期船	17	223	10	0	00	223	10	111	55
御用船	4	0	00	101	10	101	10	0	00
陸軍運輸部汽船	30	0	00	197	00	197	00	0	00
軍艦	0	0	00	0	00	0	00	0	00
[illegible]國船	24	603	50	0	00	603	50	301	75
雑用	20	0	00	148	10	148	10	0	00

船　取扱

給水					
数	有料	無料	屯量計	料金計	料金總合計
10	120 50	0 00	120 50	60 25	367 50
11	142 50	0 00	142 50	71 25	421 25
1	0 00	22 50	22 50	0 00	0 00
22	263 00	22 50	285 50	131 50	788 75
13	273 00	0 00	273 00	136 50	856 50
13	273 00	0 00	273 00	136 50	856 50
35	536 00	22 50	558 50	268 00	1,145 25

一月中

自一月一日至一月十五日　船舶運轉收支月計表

科目	借方	科目	貸方
嚮導料	225.00	俸給諸給	不明
曳船料	1,150.00	消耗品費	〃
小蒸汽船使用料	95.00	船舶修繕費	〃
小蒸汽船貸與料	10.00	雜費	〃
給水料	268.00		
艀船使用料	不明		
棧木溜收入（土地使用料）	〃		
	1,748.00		0.00

給水所別表

自一月一日至一月十五日

給水所別	回数	供給屯量			料金合計
		有料	無料	計	
定期船	10	120 50	0 00	120 50	60 25
当所属汽船用	11	0 00	72 00	72 00	0 00
不定期船	10	142 50	0 00	142 50	71 25
御用船	1	0 00	22 50	22 50	0 00
陸軍運輸部汽船	6	0 00	36 00	36 00	0 00
軍艦	0	0 00	0 00	0 00	0 00
外國船	13	273 00	0 00	273 00	136 50
雑 (用)	0	0 00	25 00	25 00	0 00

水運港湾、一運営

甲種　明治四十二年度

（総体部、文書門、運輸類、雑目）

22／十五

傭用船入港手数料ニ関スル件

ヨ—0022　B列5　28字×10　南満洲鐵道株式會社　（13. 9. 5,000冊）

No.

運大発第三七三号

汽船入港手数料ノ件

明治四十二年四月十六日陸軍運輸部大連支部部長　坪屋桂二郎　㊞

南満洲鉄道株式会社沼田又五郎殿

曩日御照致候陸軍ニテ船舶一部ヲ借上ゲ陸軍輸送ニ使用スル汽船ノ入港手数料ノ儀ハ何分御詮議相成候哉当時本部ヘ報告ノ次第モ有之候間何分ノ儀至急御回答相成度

追テ本件ニ就イテハ前支部長松本工兵少佐ヨリモ国沢副総裁ヘ御協議致置候筈ニ付為念申添候

ヨ-0022　B列5　28字×10　南滿洲鐵道株式會社　(13. 9. 10,000冊 鮎川納)

回議箋（乙號）

會社番號 發議番號	庶甲第四四號

總裁　副總裁　花印

起案	昭和42年4月21日
決裁	昭和〃年〃月22日
發送	昭和〃年〃月〃日

起案箇所　箇所長　主任者　印　擔任者　電話

庶務課長　印

埠頭事務所長　印

發送取扱者

件名　社用船入渠手數料ノ件

案

別總裁

營業運輸部大連支部長宛地區課ニ改ム

本月十六日附運大三七三號ヲ以テ社用船着岸手數料ノ件ニ付

御申越ノ議了承、右ニ就テハ税關收使ヨリ御申聞ノ

料金ヲ徴收スル者ニ付、追而何分ノ決定ニ應シ兼ル次第

御承知被成下度　右御回答旁得貴意ル也

南滿洲鐵道株式會社

ヨ-8012　B列5

受付印

(11.6.2,000冊　日清納)

受入番号No 8　運営

整備項目	水運港湾	実施	
索引番號	21	文書番號	5

件名

貔子窩航路埠頭繋船料免除ニ関スル件
（明治四十二年七月）

備考

水運港湾—運営（22）

B列5　（12. 7. 5,000枚 松浦屋納）

御願

拙者儀

明治四十二年四月一日付ヲ以テ別紙命令書ノ通リ関東都督府ヨリ御補助ヲ受ケ大連柳樹屯間並ニ大連貔子窩間ノ航海業経営罷在候處営業ノ成績未ダ好況ニ向ヒ不申然ルニ右航海使用船ヲ大連埠頭ニ繋留スル場合ニ於テハ御社埠頭事務所ニ於テ繋船料御徴

州近海ノ運輸上幾分ニテモ貢献シ得ル處

ハ相忍ビ可申存念ニハ有之候ヘ共何分欠

候尚事情御賢察之上右使用船繋留ノ場合

ヘヲ以テ繋船料御免除被下度実情ヲ具シテ

理事御意見ノ通リ（高橋）
繋船料徴収ノ例ハ可成
開カザルヲ可ナルベシ其ノ代
リニ相當ノ程度迄石炭價
格ヲ引下グルコトニ取計度
營業課長㊞
埠頭事務所長㊞

No.

此段奉願上候也

追テ御社ヨリ石炭ノ御拂下ヲ受ケル爲メ繋留致シ候場合之
如キモ亦御規定ニヨリ相當繋船料御徴収相成居候處是亦何
時ニ御免除被成下度併セテ奉願候

明治四十二年六月　日　　志岐信太郎代人

吉弘寛英　㊞

南満洲鐵道株式會社

總裁　中村是公殿

ヨ—1022　B列5　28字×10　南満洲鐵道株式會社

No.

命令書

現住所大連信濃町百貳十五番地

志岐信太郎

第一條　関東都督府ハ左記航路ニ對シ補助金ヲ交附スルニ付キ各航路毎ニ第二條指定ノ汽船ヲ航行セシムベシ

大連貔子窩線

	起点	寄港地	終点
甲	大連		貔子窩
乙	大連	廣鹿島 小長山島	貔子窩

本航路ハ毎月五回以上甲乙両線ヲ一回ヲ隔テ航海スルモノ

ヨ-C022　B列5　28字×10　南滿洲鐵道株式會社　(13. 9. 10,000 …)

No.

トス、

大連柳樹屯線

起点	終点
大連	柳樹屯

本航路ハ毎日二回以上航海スルモノトス

第二條　前條航路ニ使用スル汽船ハ左ノ資格ヲ有スルモノタルベシ

大連旅順線總噸數百四十噸以上最強速力ハ時間八海里以上船齢十年未満ノモノ大連柳樹屯線總噸數三十噸以上最強速力ハ時間七海里以上

No.

第三條 前條ノ船舶ハ船名並ニ規定ノ各要件ヲ本命令交附後三十日以内ニ海務局長ヲ経テ関東都督府ニ届出ツベシ其之レヲ変更セントスル場合亦同ジ

前項ノ船舶ニシテ不適當ナリト認ムルトキハ之レガ変更ヲ命スルコトアルベシ

第四條 本命令航路ニ於ケル旅客貨物ノ運送ニ関スル規定及運賃ハ本命令交附後七日以内ニ海務局長ヲ経テ認可ヲ受クベシ

其ノ変更ヲナサントスル場合亦タ仝シ

第五條 本命令航路ノ各港ニ寄港シタルトキハ民政支署出張所

No.

又ハ警察官吏派出所ニ届出テ発着ノ證明ヲ受ケ前月分ヲ翌月七日迄ニ海務局長ヲ経テ関東都督ニ提出スベシ、

黄廣島及小長山島ニ寄港シタル場合ニ限リ前項ノ手續ヲ省畧スルコトヲ得此場合ニ於テハ航海日誌ニ発着日時ヲ明細ニ記載スベシ

第六條　船舶ノ発着日時ハ本命令交附後直ニ海務局長ニ届出ツベシ其之レヲ変更セントスル場合亦全シ

公益上必要ト認ムル時ハ海務局長ニ於テ前項発着日時ノ変更ヲ命ズルコトアルベシ

第七條　本命令ニ據ル各航路ノ船舶ニハ無賃ニテ郵便物及郵便

ヨ-C022　B列5　28字×10　南満洲鐵道株式會社　(13.9.10,000 [illegible])

No.

諸器具ヲ逓送スベシ其取扱方ニ就テハ明治三十一年十月逓
信省令第二十号ニ準ズ
第八條　第一條ニ依ル補助金ハ左ノ区分ニ依リ毎一ケ月分ヲ翌
月ニ於テ交附ス、

	四月ヨリ十二月ニ至ル期間	一月ヨリ三月ニ至ル期間
大連貔子窩間	月額六百圓	月額二百圓
大連柳樹屯間	月額百二十圓	月額四十圓

前項補助金ハ缺航毎一回ニ付大連貔子窩線金百圓大連柳樹
屯線ニ在テハ金弐圓ノ割合ヲ以テ減額ス、
大連貔子窩線ニ於テ貔子窩若シクハ他ノ寄港地ニ寄港セサ

No.

ルトキハ一箇所一回毎ニ金拾圓ヲ減額ス

第九條　航行上必要ナル船体機関ノ修繕又ハ検査ノタメ欠航セントスル時ハ海務局長ノ認可ヲ受ケ航行ヲ停止スルコトヲ得

天災其他抗拒スベカラザル事故ノタメ第一條規定ノ航行度数ヲ減ジ若シクハ指定ノ個所ニ寄港シ能ハザル場合ハ其事由ヲ海務局長ニ届出テ其ノ承認ヲ受クベシ

第十條　前條第一項船体機関ノ修繕及ヒ検査並第二項ノ事由ニヨリ海務局長ニ於テ正当ナリト認定シタル場合ハ補助金交附ノ算定上欠航ト見做サズ但シ船体機関ノ修繕ハ三十日以

No.

内ニ限ル、

第十一條 本命令ニ依ル各航路間ニ於テハ他ノ船舶ヲ使用シ運輸ノ業務ヲ営ムコトヲ得ス、

第十二條 本命令交付後毎月各航路別営業成績及ビ收支計算書ヲ海務局長ヲ経テ関東都督府ヘ提出スベシ、

第十三條 本命令航路ノ收支計算ニ関シテハ他ノ営業收支計算書ト区分判明ナラシムベシ関東都督府ハ必要ト認ムル時ハ吏員ヲシテ営業ノ状況及ビ收支計算ノ検査ヲ為サシムルコトアルベシ、

第十四條 本命令ニ定ムル義務ヲ履行セザルトキハ本命令ヲ解

No.

除スルコトアルベシ、

第十五條　本命令ノ有効期間ハ明治四十二年四月一日ニ始リ明治四十三年三月三十一日ニ終ルモノトス

明治四十二年四月一日

関東都督子爵　大島義昌

ヨ-0022　B列5　28字×10　南満洲鐵道株式會社　(13. 9. 10,000)

受入番号 No.114

整備項目	港湾	運営	
索引番號	118	文書番號	11

備考

件名

大連埠頭貨物積卸能力其ノ他ノ調査

（昭十二年八月）

B列5　（12. 7. 5,000枚 松浦屋納）

No.

一、支那傭人ハ文字アリテ「タリーマン」タル資格アルモノ一人一日銀五拾銭強
支那仲仕重量品取扱ニ慣レヨク英語ノ号令ノ分ルモノ一人一日金四拾六銭弱
日本仲仕一人一日金九十二銭

一、壹萬屯ノ大豆ヲ貨車ヨリ卸シ、一方之ヲ各船附近ニ配布シ更ニ之ヲ本船ニ積込ニハ各技能ヲ異ニスルヲ以テ夫々各別ノ人数ヲ要シ、先ツ

貨車卸苦力二千三百人

貨車ハ終日間断ナク到着スルモノニアラスシテ日ニ十三回

No.

夜中四回位迄切々ニ来レハ直ニ急速荷卸シノ必要アル
ヲ以テ急激ノ労働ヲナシ、船到着迄ハ休ナリ。去リ迚此
休ヲ利用シ、他ノ業務ニ携ラシムルコトハ船到着ノ際ニ
差支ヲ生スルヲ以テ其流用ハ甚タ少ナシ。一日一万屯ノ
貨車卸ハ楽ナリ

荷操馬車及苦力

貨物集積場ヨリ本船附近運搬配給スルコトハ埠頭業務
ノ最大難事ニシテ現今ノ状態ニテハ貨車ハ大トロ及荷馬
車二百台、苦力二千人ヲ使用シ、一日五千屯ノ荷操困難
ナリ。埠頭積込力ハ一ニ此運搬力ニ制限セラル。繰替ヲ

No.

要セサルモノヲ合セ一日ノ荷役力七千屯ナリ
故ニ一萬屯ニ対シ、先ツ一日半ヲ要スルナリ
此操替積ハ平均毎一屯二十四銭ナリ
下季ニ入リ、シヤンチンク機関車出来、馬車ト共ニ之ヲ
併用セハ、或ハ一日八千屯ノ荷操ヲ為シ、彼此一日一萬
屯ノ荷役ヲ為スヲ得ヘシ
本船積込苦力数四千人
各船ヘノ荷物操替配給適順ニシテ本船ノ数十艘ナル時ハ
一日一萬屯以上ノ荷役ヲ為ス事容易ナリ。然ルニ是迄ノ
実験ニ依レハ操替馬車苦力ノ準備豊カニシテ荷物不足ノ

ヲー0022　B列5　28字×10　南満洲鐵道株式會社

No.

場合アリ。又之ニ反スル場合アリ。又船舶繋留ノ都合上動カスニ及ハサル荷物ヲ態々反対ノ方面ニ運搬ノ必要アリ。一方ニ荷物潤沢ニシテ他ノ船ニ荷物途切ノ場合アリ荷主ノ希望、船舶ノ都合其他種々ノ原因錯合シテ、先ツ現状ニ於テ七千屯ノ荷役力ナリ。本船積込貨ハ一屯十八銭ニシテ六十間以内ニアル荷物ヲ本船側ニ運ヒ、船内ニ捲入レ積付迄ノ費用ヲ含ム

本年ニ於テ奥筋貨車積卸ノ直営ト共ニ各荷主ノ貨物ハ可成荷主ヘ纏メ、埠頭ニ送達セラルヽニ於テハ五千人ノ苦力ヲ以テ一日一萬屯ノ荷役ヲナスコトヲ得可キモ輸入貨物

No.

船、定期船ノ岸壁ヲ塞クモノ多キヲ以テ実際ニ於テ先ツ精
一杯ノ輸出荷役力八千屯ヲ最限度トスヘシ
一、大豆一袋ノ重量ハ現在ニ於テハ区々ナリト雖、大体ニ於テ百
五十斤以上ノモノ多ク、長春ニ集マル北満大豆ハ百二十五斤
百四十斤位ノモノ多シ
麻袋一袋ノ価ハ先ツ新最上一袋金二十銭内外ナリ。新麻袋ハ
欧洲輸出ノ際ニ限リ、之ヲ使用セルモ普通奥筋ニ於テ新麻袋
ト称スルモノハ大略一度使用済ノモノ多ク其価一袋十五銭十八銭位ナ
リ
袋ノ負担ハ通例荷主持ナリ。現今運送屋ニ於テハ一袋一回何

ヨ—0022　B列5　28字×10　南満洲鐵道株式會社　（13. 9. 5,000冊 …納）

No.

程トシテ貨車運搬中丈損料ニテ荷主ニ貸渡セリ。又問屋カ荷物吸收策トシテ特ニ同一ノ損料ニテ荷主ニ貸渡セルモノアリ

將来大豆ノ輸出ハ専ラバラ積トナルヘシト雖モ、バラ積ト雖ロイド規程ニ従ヒ、中甲板以上ハ袋積ニ限ラレアルト大豆ノ産額年々増加スベキヲ以テ事実ニ於テ麻袋ノ需要ハ現今ト大差ナカルヘシ。特ニ本年ニ於テ運輸課ニ於テ麻袋ノ監督ヲ嚴ニセハ麻袋ノ需要ハ一層増加スヘク。價額ハ多少現今ヨリ騰騰貴スルハ免レサルヘシ

受入番号 No 47

整備項目			
索引番號		文書番號	

件名

水運港湾ノ運営

関東都督府海務局船舶ノ貸渡契約

(明治四二、三年)

備考

B列5　(12. 7. 5,000枚 松浦屋納)

No.

物件貸借契約書

関東都督府海務局長代理矢野静哉ヲ甲トシ南満洲鉄道株式会社総裁中村是公ヲ乙トシ左ノ物件貸借契約ヲ締結ス

第一條　乙ハ其ノ所有ニ係ル左ノ物件ヲ甲ニ貸渡スヘシ

(A)西洋形艀舟貳隻　但シ積量各百参拾六噸

(B)日本形艀舟壹隻　但シ積量六拾七噸

(C)日本形艀舟壹隻　但シ積量拾貳噸

第二條　貸借期間ハ明治四拾貳年九月壹日ヨリ向フ壹箇月間トス

但シ甲乙双方協議ノ上右期間ヲ延長スルコトアルヘシ

-0022　B列5　28字×10　南満洲鉄道株式会社

No.

第三條　甲ハ右四隻ノ使用料トシテ壹箇月ニ付金貳百五拾圓ヲ
其ノ翌月五日迄ニ乙ニ支拂フヘシ
但シ期間ノ延長壹箇月ニ満タサル分ニ對シテハ左ノ壹ケ月使
用料金内譯ニ依リ日割計算ヲ以テ期限後五日以内ニ支拂フ
ヘシ
(A) 各壹隻ニ付壹箇月金九拾圓也
(B) 壹箇月ニ付金五拾圓也
(C) 壹箇月ニ付金貳拾圓也
第四條　設備物件使用ノ目的ハ船舶消毒實施ニ當リ人馬荷物ノ
運輸ニ使用スルモノニシテ其以外ニ使用スルコトヲ得ス

No.

第五條　甲ハ使用上必要ニ應シ貸備物件ニ加工ヲ要スルトキハ乙ニ協議ノ上施行シ得ルト雖モ形状ニ変更ヲ来ス如キ大ナル工事ヲ施スコトヲ得ス

甲ニ於テ加ヘタル工事ハ解約ノ時原形ニ復シテ返還スヘシ

第六條　貸備期間中甲ノ不注意又ハ過失ニ因リ貸備物件ヲ破損又ハ流失セシメタルトキハ之ヲ補修シ又ハ貸備物件ト同一品質ノモノヲ弁償返還スヘシ

本契約ヲ履行スル為証書弐通ヲ作成シ甲乙各壹通ヲ保存スルモノトス

明治四拾弐年九月壹日

-0022　B列5　28字×10　南満洲鉄道株式會社　(18.9　10,000部)

No.

関東都督府海務局長代理　矢野　静哉

南満洲鐵道株式會社總裁　中村　是公

受入番号No10.

整備項目	水運 港湾	逓答	
索引番號	21	文書番號	8

備考	件名
水運港湾——運営(22)	関東州租借地税関假規則第二十六條ニ関スル件（明治四十三年六月）

B列5　　(12. 7. 5,000枚 松浦屋號)

No.

庶甲第三二一号

税関假規則中質疑ノ件　（明治四十三年六月七日起案）

案

明治四十年六月府令第三十八号関東州租借地税関假規則第貳拾六條ニ規定有之候特許料ハ船舶一隻毎ニ納付スヘキモノニ候ヤ将ハ一人ノ特許請求者ニシテ同時ニ船舶数隻ノ積卸ヲ為スヘキ場合ニ於テハ船舶ノ数ニ関セズ規定ノ特許料ヲ納付シ可然モノニ候ヤ疑義相生シ候間至急何分ノ御指示被成下度此段相伺候也

總裁

都督宛

ヌ-0022　B列5　28字×10　南満洲鐵道株式会社　(13. 9. 10,000　納)

No.

関外第九二號ノ二

本月十五日付庶甲第三二一號ヲ以テ御伺出相成候租借地税関假規則第二十六條ノ特許料ハ船舶入港毎ニ納付スヘキ義ト御了知相成度依命此段及通牒候也

明治四十三年六月廿日

関東都督府民政長官　白仁武　(印)

南満洲鉄道株式會社總裁中村是公殿

-0022　B列5　28字×10　南満洲鐵道株式會社　(13. 9. 10,000 納)

受入番号No.13

整備項目	水運港湾	運営	
索引番號	21	文書番號	13.

備考

水運港湾—運営（22）

件名

鐵嶺丸遭難ニ関スル件

（明治四十三年八月）

B列5　（12. 7. 5,000枚 松浦屋號）

No.

発信者名	東京麻布 龍岩
受信者名	庶務課長
発着時間	明治四十年七月廿四日午後六時二十分着

鐵嶺丸二十二日午后八時朝鮮竹島沖ニテ座礁乗客乙百四十六名ハ大連ニテ木浦ヘ送リシトノ報アリ、

No.

埠文内第一八一號

明治四十三年七月廿六日

南満洲鉄道株式会社
埠頭事務所長
横崎猪太郎

川村庶務課長殿

拝啓

鉄嶺丸遭難ニ関スル嘉義丸ノ報告書

別紙海務局ヘ届出タル写一部御送付申上候間御査収相成候

匆々

ヨ-0022　B列5　28字×10　南満洲鐵道株式會社　(13. 8. 10,000 鮎川納)

No.

鉄嶺丸遭難報告

本船ハ七月廿三日午後一時十分大連ヘ向ケ門司ヲ出帆ス、翌二十四日午前九時三十六分所安島沖附近ニ於テ汽船青羽丸ニ出会

「鉄嶺丸ハ二十三日午前七時四十分竹島南西約二浬ノサラミス礁ニ擱坐シタリ本船青羽丸ハ第三號艇乗組船客三十名ヲ收容ス、鉄嶺丸ハ濃霧ノ為メ船体不明ナレトモ多分沈没セシナラン、尚本同船ニハ乗客ノ一部船員ト共ニ残留セシヨシナレバ

貴船ハ竹島附近ヲ捜索セラレタシ」

ト、報告ヲ受ケ更ニ十時頃有吉島有竹角ニテ汽船巴丸ニ會シ左ノ報告ニ接ス

ヨ-2022　B列5　28字×10　南滿洲鐵道株式會社　(13. 9. 10,000)

No.

鉄嶺丸ハ二十二日午后七時四十五分孟骨水道竹島燈臺南西二
浬ノ沖ニテ暗礁ニ乗上ゲ第一號艇ニ乗組メル船客ハ昨日午後
五時頃済州丸ニ救助セラル、本船ハ午後六時ニ長竹水道ニテ
第四號第六號ノ兩艇ヲ救助シ第二號艇ハ昨夜長竹水道燈臺下
ニテ巡邏船ノ為ニ救助セラレタリ、尚ホ本船ハ済州丸ガ遭難
地ニ居ルヲ以テ之ヨリ門司ニ直行ス船長ハ打電スル為ニ昨日
午前十時漁船ニテ木浦ニ向ヒ遭難地ニモ漁船ヲ派遣ス
長竹水道燈臺ニハ船員四名アリ又事務長通信ノ為メニ加士島
ニ残リ居レリ本船ハ收容シタル人員ハ三十二名ニシテ済州丸
ハ多分五十名收容シタルナラン而シテ巡邏船ニテ收容シタル

No.

ハ三十名内外ナリト思ワ遭難地ニハ船客船員共四五十名残リ

居ル筈ナレハ該船ハ急ノ為メ該地ヘ立寄ラレタシ」

ト本船ハ仝日午前十一時四十分遭難地捜索ノ為メ針路ヲ孟骨水

道ニ取リ午後二時四十三分竹島燈台下ニ停船シテ端艇ヲ下シ燈

台員ヨリ聞ヲ得タル要点ハ左ノ如シ

「本日午前十時鉄嶺丸事務長ハ都丸ニテ税関ラ二十ト共ニ捜索

ニ来リシモ鉄嶺丸及其残留員ハ行衛不明ノ為メ空シク引返セ

リ」

夫ヨリ本船ハ午後三時五十分名木モ附近ヨリ捜索シツツ進航シ仝

四時五分韓国漁船ヲ認メ之ニ接近スルニ従ヒ其救助ヲ求ムルモ

No.

ノナルヲ知ル依テ之ヲ收容セシニ鉄岺丸三等機関士四井信、一等船夫竹内権次郎、三等火夫林正市ノ三名ナリ而シテ午後六時頃屍体ラシキモノ一個、椅子梯子各一個ノ漂流スルヲ認メ直チニ停船シテ之ヲ收容セントセシモ忽チ濃霧襲来シ捜索シ難ク進行又甚ダ危険ナルニヨリ已ムヲ得ス千耳島附近ニ假泊ス、廿五日午前十時三十分濃霧霽レタレバ仝五十五分抜錨シテ捜索シツヽ進行ス十一時ニ至リ淀型ノ帝國軍艦ニ出會シ軍艦ヨリ

「遭難ノ事ヲ知ルヤ」

トノ信號アリシヲ以テ本船ハ「然リ」ト答ヘタレバ軍艦ハ其儘遭難地ノ方面ニ進行セリ依テ本船ハ尚捜索シツヽ進行ス、

次ニ来船ニ収容シタル遭難者三名ヨリ聞取リタル事実ハ左ノ如シ

「鉄谷丸」ノ坐礁シタルハ二十二日午後七時四十五分ニシテ第一號艇ノ該船ヲ去リタルハ午後九時頃ナリキ先ヅ第一船客ヲ避難セシムベシトノ船長ノ命令ニヨリ各艇ニ船客ヲ分乗シテ第一號艇ニハ海員名簿、船員手帳等重要ナル書類ヲモ積込ミタリト思フ艇長ハ二等運轉士栗林如一ニシテ火夫ボーイ一等船夫等三四名之ニ随ヒタルナラン第三號艇ニハ三等運轉士赤澤昇ヲ艇長トシ水夫二名之ニ随ヒ船客各等ヲ合セテ三十名位ト思ハル第二號艇ノ艇長ハ修業生竹谷秋男ニシテ水夫モ多少乗組ミ

No.

シ様子ナリ之ニハ重之患者及三等客船ノ一部ヲ収容セリ第六號艇ハ藤江某艇長トナリ船員五名、船客十三名内二名ハ女ヲ乗組マシメタリ、途中第一号第二號及番號不明ノ端艇ニ會ス内一艘ハ再ビ本船ニ引返サントト言ヒ居タルヲ聞ケリ尚夜十二時頃第四號艇ニ會シ其後ニ尾シテ翌日七時頃加士島ニ着セリ第五號艇ハ満鉄廻航船長ヲ艇長トシ乗組員ハ全部満鉄廻航船員及其他三等船客トリシナラン、第四號艇ハ最後ニ本船ヲ去リタルモノニシテ出発セシハ午後十時半頃ナリキ、艇長ハ三等機関士四手井信ニシテ船客十四名内女六名ト外ニ一等舵夫一名ニ二等舵夫二名、事務長、賄長、二等ボーイ二名、三等ボーイ二名、料理人一

No.

名、火夫二名モ之ニ乗込メリ、該艇ガ本船ヲ去ルニ當リ船長ヨリ
針路ヲ東北ニ取レバ約二浬ニシテ竹島ニ達スベケレバ船客上陸セ
シメタル後再ビ本船ニ歸ヘルベシトノ命令ヲ受ク、サレド濃霧
ト潮流激シキ為メ豫定ノ行動ヲ取ルコト能ハズシテ
終ニ翌日午前六時四十分加士島ニ着セリ。途中第三號艇第二號艇及
ビ第五號艇ニ會シタルニ何レモ今一度本船ニ歸ラントト云ヒ居ルヲ聞キタリ
然レトモ其後ノ行動明カナラズ更ニ十二時後ニ至リ第六號艇ニ會シタ
レバ相前後シテ同一ノ方向ニ航進セリ。加士島上陸後船長、船夫
、火夫、ボーイ、船客ノ各一名ハ韓船ニテ午前十時頃本体ニ行
キ各方面ニ打電スベク第四號ノ三等機関士一等船夫及ビ第六號艇乗

No.

組ノ三等火夫ノ三名ハ午後二時上陸地ヲ出発シ三時韓船ニテ出帆遭難地ニ向ケ捜索ノ為メ航行中翌日午後四時〇四分総ニ本船ニ収容セラレタリ第四號艇鉄嶺丸ヲ去リシ時船内ニ止マリ居タル上級船員ハ船長伊藤鐵、一等運轉士酒井直次郎、機関長石井信次郎、一等機関士平柳芳輔、二等機関士中村政八ノ五名ナリキ

ト以上本船ガ各方面ヨリ得タル鉄嶺丸遭難報告ノ要点ニシテ之ヲ綜合スルニ第五號艇ニツキテハ何レノ報告モナク又巴丸ハ第一號艇ト第三號トヲ斉羽丸救助セリト云ヒシモ斉羽丸ノ報告ニヨレバ同船ノ収容シタルハ第三號艇ノミ果シテ然ラバ第一號艇

No.

ノ安否モ未ダ確カナラス

明治四十三年七月廿六日

嘉義丸、

ヨ-0022　B列5　28字×10　南滿洲鐵道株式會社　（13. 9. 10,000冊 鮎川納）

(19) C

整備項目			
索引番號		文書番號	

件名

埠頭事業ニ関シ拓殖局ヨリノ問合ヒ及其ノ回答

港湾運営 118/1の2

備考

四十五年五月

B列5　(12. 7. 5,000枚 松浦屋納)

No.

明治四十五年五月七日

埠頭事務所

東京支社御中

拝復

拓殖局ヨリ問合ノ件四月四日附支文第二二号及四月六日附支文第三六号ヲ以テ御来示ノ件左ニ詳細説明致置ク必要ノ事項可致拓殖局ヘ此回答相成度候

一、發着手数料ハ如何ナル標準ニ基キ定メラレタルヤ

又該料金ハ發ヲ一回着ヲ一回ト看做シ着發毎ニ徴收セラルヽヤ或ハ發ト着トヲ併セテ一回ト看做シ着船ノ節之ヲ徴收セラ

ヨ—0022　B列5　28字×10　南滿洲鐵道株式會社

No.

ルヤ

答

船舶発着手数料ハ船舶発及着ヲ俟テ一回トシ之ヲ徴収ス而シテ該発着手数料ハ当社埠頭ニ着岸スル船舶ニ對シ当社ノ徴収スル唯一ノ料金ニシテ此以外何等ノ負擔ナクシテ船舶ハ埠頭使用ノ利益ヲ享ケ居ルモノナリ故ニ若シ当社ニ於テ單ニ収益本位ノミヲ以テ該料金ヲ算出セントセハ独リ直接船舶ノ着岸ニ要スル経費即チ

一、直接発着作業ニ要スル技術員及労働者ニ関スル費用

二、曳船運轉ニ要スル費用

ヨ—0022　B列5　25字×10　南滿洲鐵道株式會社　(13.9.5.000冊)

No.

三、其他ノ設備ニ要スル経費

(イ)船舶ト岸壁トニ使用スル防舷材

(ロ)信号所経費

(ハ)繋船用ロープ類其他

ノミナラス埠頭全体ノ設備費ニ対スル利息及埠頭全体ノ経営ニ要スル総体費ヲモ加算シタル金額ヲ標準トシ之ヲ出入船舶噸数ニ割当ツルヲ以テ至当ナリトス然リト雖モ本件ニ対シ当社ハ全然收益本位ヲ捨テ出入船舶ヲ歓迎スルノ意味ヲ以テ特ニ該料金ヲ軽減スルノ方針ヲ執リ居リ現ニ該料金ノ收入額ハ前記(一)ヨリ(三)迄ノ実費ヲ償フニ足ラサルナリ(第四項参照)

ヨ—0022　B列5　25字×10　南滿洲鐵道株式會社

No.

二、沖取ト岸壁荷役トニ依ル費用ノ差

答、

雑貨一噸ノ荷役賃

一、沖荷役ノ場合

(イ) 艀賃　三十五銭

(ロ) 沖合荷役賃（船内仲仕賃共）　二十二銭

(ハ) 陸揚賃　二十五銭

合計金八十二銭

二、岸壁荷役ノ場合

(イ) 船内仲仕賃　十五銭

ヨー0022　B列5　28字×10　南満洲鉄道株式会社

No.

(ロ)陸揚賃　三十六銭

合計金　五十一銭

当港ニ於テハ殆ト全部岸壁荷役ニシテ沖荷役ハ独リ賃金ノ問題ノミナラス天候其他ノ関係ヨリ荷役ヲ為シ得ル時ハ岸壁荷役ニ比シ僅少ナルト荷役費ノモノニ非常ニ多クノ時間ヲ要スル為メ沿岸貿易品ノ一部及杉木船ノ一部又ハ危険品荷役ノ外ハ支那戎克船等特種ノ荷揚場ヲ要スル場合ニ限リ應用セラレ従テ荷役賃モ一定シ居ラス上記ノ数字ハ当所ニテ取扱フ場合ノ賃金、ニシテ実際ハ亦之ト大差ナシ

参考ノ為表ヲ示スコト左ノ如シ

No.

種別	荷役貨物噸數	總荷役噸數ニ對スル百分比
岸壁	一、三三一、五三六	九四弱
沖	八八、四八四、	六弱

備考　右ハ四十四年度ノモノナリ

二　入港船舶中埠頭ニ繫留スルモノトセザルモノトノ比例數

答

表ヲ示スト次ノ如シ

No.

入港船ト着埠汽船、

年度別	入港船		着埠船		着埠セザルモノ		百分比	
	隻数	總噸数	隻数	總噸数	隻数	總噸数	着埠船	不着埠船
四十一年	一、五九四、	二、〇八一、七三九	一、三九七、	一、九五〇、八九二、	一九七	一三〇、八四七	九二強	七弱
四十二年	一、五五九、	二、四五六、七六四、	一、三七六	二、二七六、七七三、	一八三、	一七九、九九一、	九二強	八弱
四十三年	一、七七七	二、五三四、九九三	一、五七四、	二、四三〇、四四三、	二〇三	一〇四、五五〇	九五強	四弱
四十四年	一、八八九、	二、八一一、〇五五、	一、七五三、	二、七五九、二四八	一三六	五一、八〇七	九八強	二弱

備考　表中百分比ハ總噸数ニ依ル

四、現在ノ手数料不廉ナリトスル説ニ對シ辯駁アリヤ之ヲ低減スルノ餘地ナキカ餘地ナシトセハ其ノ理由如何

No.

答

一ニ於テ述ベタル如ク現在徴収シツヽアル艀着手数料ハ以テ直接船舶着岸ニ要スル実費サヘモ償フ能ハサル次第ナレハ到底低減ノ余地ナキハ自明ノ理ナリト信ス抑モ当埠頭ノ手数料不廉ナリトスレハ何レニ其ノ比ヲ採リタルヤ頗ル了解ニ困シム所ナレトモ恐ラク現今ノ手数料ヲ単ニ艀着ニ要スル曳船使用料ト着較シ其ノ不廉ヲ唱フルモノナルヘク何等根拠アル議論ナリト認メ難シ尚実際ノ収支ヲ明示スル為メ左ニ四十三年度ノ実例ヲ掲ク

船舶収入　九七、六七四円七九

内訳

ヨ－0022　B列5　20字×10　南满洲鐵道株式會社

No.

(イ)發着手数料　四一、八二四円一〇

(ロ)小蒸汽船使用料
給水艀舩使用料　五五、八五〇円六九

諸経費　一一三、六三九円五七

内譯

(イ)船舶経費　八四、八九一、四五

(ロ)燈台費　一、六三三、二八

(ハ)保存費ノ内　一七、九四五、二一

(ニ)事務費ノ内　九、一六九、六三

而シテ前記経費ノ内發着手数料収入カ負担スヘキ額ヲ決定スルコト頗ル困難ナレトモ發着手数料以外ノ収入五万五千八百

No.

五拾円六十九銭ヲ諸経費合計拾壱万参千六百参拾九弗五拾七戔ヨリ除キタル残額即チ金五万七千七百八拾八弗八拾八銭ハ発着手数料ノ負担スヘキ経費トスルコト不当ナラサルハ前記経費ノ大部分カ船舶発着ノ際使用スル目的ヲ以テ所持シ居ル小蒸汽船ノ経費ナルニヨリ推理シ得ル所ナリ此ノ経費既ニ収入ニ超過スルニ不拘尚厳密ニ考フルトキハ埠頭其物ノ建設費ハ暫ク論外トスルモ発着ノ為メニ要スル下記ノ財産ニ対スル諸設備費ノ償却金ハ発着手数料ノ負担スルヲ正当トスヘシ

繋船桁費　五三、九一一円六〇

防舷材費　四〇、二〇一、八五

南満洲鐵道株式會社

No.

着埠船ノ増加率

年度数	隻数	着埠船総噸数	初年度ニ對スル百分比総噸数
四十一年	一、三九七	一九五〇、八八二	一〇〇
四十二年	一、三七六	二二七七、六七三	一一七
四十三年	一、五七四	二四三〇、八四三	一二五
四十四年	一、七五三	二、七五九、二四八	一四一

埠頭繋船使用能力ノ決定ハ左ノ二要素其主タルモノナリ

一、繋船数

二、繋船回数

故ニ少ニモ其入港着埠船ノ増加ニ比例シテ埠頭ノ増築ヲ要

No.

スト断言シ能ハス故ニ此儘今日迄ノ着埠船増加率ヲ以テ進ムトスルモ其埠頭設備ノ将来ヲ豫言スル困難ナルモノアリ況ヤ入港船ノ増加率ハ発展率未タ一定セス将来発展率増大スル傾向ヲ有スル當港ノ如キニアリテハ過去ノ示ス處ハ唯其最少限ト見ルヲ穏當トス加之船舶ノ入港ハ必スシモ一ケ年入港船舶数ヲ一日ニ平均シタル隻数ヲ以テセス寧ロ冬期ニ輻輳シ夏期ニ閑散トナル港ニアリテハ表ノ示ス数字以上埠頭ニ餘裕ヲ存スルコト必要ナリ過去数年間度々埠頭ニ空間ナク多キ時ハ一時ニ十数隻ノ沖待船ヲ現出セシメシ事実此間ノ消息ヲ語ルモノト云ワサルヘカラス

四十一年度ヨリ四十四年度ニ至ル四年間ノ割合、

ヨ－0022　B列5　20字×10　南滿洲鐵道株式會社　（13.9.5,000冊 ...）

No.

年度別	繋船数率	繋船均数率
四十一年	一〇〇	一〇〇
四十四年	一四一	七七

即繋船数ヲ今日ノ割合ヲ以テ増加スルトセハ

四十一年度	一一一　一〇〇
五十年度	二五〇

港湾ノ發展ニ伴ヒ来港スベキ各方面ノ定期船ノ数増加ス可キハ疑ヲ入レサル所ニシテ定期船ハ不定期船ニ比シ滞埠時間永シ故ニ今日ノ繋船平均回数一隻一回八八ヨリ減スルコト想像シ難キ處ナレバ

No.

四十一年度　一〇〇

五十年度　七七

トシ繋船延長ヲ

四十一年度　五五五六尺トスレバ

五十年度　一〇、六九五尺ヲ要スル

コト、ナル然ルニ目下既定ノ工事ハ四十七年中竣工シ八千〇四拾五尺ニ増加スル計画アルノミ

而シテ上述ノ数字ハ現今ノ傾向タル大船深吃水船主義ヲ計算ニ入レザルモノニシテ尚ホ弐千六百五拾尺ノ不足ヲ感ス

以上ノ諸点ヲ併セ思考スル時ハ今日増築中ノ岸壁ヲ加ヘテ尚

No.

将来ノ需用ヲ満タスニ足ラサルノ機意外ニ速ニ到来スヘキヲ信
スルモノナリ

六、曳船ヲ要セスシテ着岸スル船舶ニ對シテモ同様ノ手数料ヲ
徴セラルルヤ

答、

曳船ヲ使用セスシテ着岸スル船舶ニ對シテモ同様規定ノ手数料
ヲ徴スル船舶着岸ニ要スル経費ハ独リ曳船使用料ニアラザルコ
ト已述ノ如ク曳船ヲ使用スルトセサルトハ本船自身ノ撰擇
ニ依ラス當社ノ判断ニ依ル規定ナルヲ以テ曳船使用ノ如何ニヨ
リ手数料ニ区別ヲ設ケス

No.

七、埠頭ヲ使用セスシテ港内ニ碇泊スル船舶ニ對シテハ繋泊ニ関スル何等ノ費用ヲ課セサルヤ

答、何等ノ費用ヲ課セス

八、貨物陸揚費用ハ(1)本船ヨリ陸揚(2)上屋又ハ倉庫ニ搬入(3)艀使用ノ場合ニハ本船ヨリ艀ニ荷卸(4)艀ヨリ陸揚(5)上屋又ハ倉庫ニ搬入以上費用一噸毎ニ幾何ヲ要スルヤ

答、大連埠頭貨物取扱規則中ニ規定セル陸揚賃ハ

(1)本船ヨリ陸揚

(2)上屋又ハ倉庫ニ搬入

右作業ノ外荷捌込ノ料金ヲ包含シ貨物ニヨリ其料金ヲ異ニス

ヨ—0022　B列5　28字×10　南満洲鐵道株式會社　(13.9.5,000冊)

No.

(別冊参照)艀取ノ場合ハ別表規定ノ艀賃沖荷役賃ノ外陸揚賃

(帆船ノ場合ノ陸揚賃ハ一噸金二十五銭)ヲ加ヘタルモノ(二参照)

即チ雑貨ノ場合

(1)(2)ノ費用ニ荷捌費用ヲ加ヘタルモノ

一噸金参拾五銭

(3) 金弐拾弐銭

(4)(5)及荷捌賃ハ 金弐拾五銭

沖荷役ノ場合ハ前記(3)(4)(5)ノ外ニ艀賃壱噸金参拾五銭ヲ要ス

但シ前記(3)ノ費用ハ全部艀主側ノ負担トナル場合ト又荷主

ノ負担トナル場合アリ各其歩合ヲ分担スルコトアリテ一定セザ

No.

ルモ仮リニ内金拾五銭ヲ艀内仲仕賃トシテ艀側ノ負担トスレハ金七銭トナリ沖荷役ニ用スル費用ハ合計六十七銭トナル

九、陸揚貨物ノ奥地ニ送ル為埠頭ニテ貨車ニ積載スル節ハ艀ヨリ貨車ニ直接積入ルコトトシ一回ノ陸揚人夫賃ヲ徴スルヤ又ハ一旦陸揚ノ後貨車ニ積入ルルモノト見做シ各別ニ人夫賃（二回分）ヲ徴スルヤ奥地ヨリ来ル貨物ヲ艀積スル節モ同様ナルヤ

答

埠頭ニ於ケル船舶荷役ハ鉄道貨車荷役ト全然区別シ居リ貨車積卸賃ハ鉄道運送規定ニヨリ発着手数料ヲ徴シ船舶ニアリテハ埠頭貨物取扱規則ニヨリ陸揚賃艀積賃ヲ徴シ両者

ヨー0022　B列5　20字×10　南満洲鐵道株式會社　(13.9.5,000冊)

No.

ノ作業ヲ区別シ居レリ然シテ船車間直接ニ荷役ヲナスハ荷役時間ヲ割合ニ要スルト鉄道船舶両者ノ責任ヲ区別スルコト困難ナルトニヨリ特別ノ場合即チ重量品ノ陸揚艀積ノ外殆ト直荷役ヲナサス加之例ヘハ荷主カ直荷役ヲ希望スルモ埠頭作業ノ状況ニ由リ之ヲ実行シ得ル時ト実行シ得サル時アリ斯ノ如キ場合ニ料金ヲ区別シ甲ニ軽ク乙ニ重クスル時ハ却テ不公平ノ嫌アリ是等ノ理由ニ由リ直荷役ニ対シ料金ヲ遞減セサル事トナシ居レリ

右御回答迄如此御座候

以上

ヨ―0022　B列5　25字×10　南満洲鉄道株式会社

受入番号 No.38

整備項目	~~鉄道~~	~~社線~~	~~其他~~
索引番號 六六號		文書番號 22-1	

件名

軍用品埠頭荷役ニ関シ運輸支部ト交渉書類

明治四十五年度

（鐵道・社線・其他）

備考

水陸－運営

B列5

(12. 7. 5,000枚 松浦屋納)

No.

明治四十五年七月二日

埠文内第一四四號

南満洲鐵道株式會社

埠頭事務所長　楢崎猪太郎印

沼田庶務課長殿

拝啓

運輸支部交渉書類ノ件

従来宿題ト相成居候交渉事項一括トシテ御送付申上候今回未連

申候運輸本部長ト御會見ノ節御参考ノ資料トシテ御高覧願上候

-0022　B列5　28字×10　南満洲鐵道株式會社

No.

運輸部ノ説ニヨレバ

四十四年度取扱高　一〇、〇〇〇トン

使用苦力　一、二〇〇人

一人一日ニ付　金三拾五銭

計金四百貳拾圓

外ニ

仲仕十五人分

金五千貳百五十圓

合計金五千六百七拾圓

臺噸ニ付　金五拾六銭七厘

No.

今十五人ノ仲仕ヲ全部當方ニ引受ケ假リニ此半數ヲ臨時苦力トシテ使用スルモノト假定スレバ

¥5.250÷2=¥2.625

420

10.00●屯=¥3.045

per ton ¥0.3045

之ヲ二拾五銭ヲ引受ケ手荷物取扱料ハ一切申受ケサルコトニ付更ニ審議スル旨大谷中尉ト協議セリ

一月廿七日

南満洲鐵道株式會社埠頭事務所長　樋崎猪太郎

-0022　B列5　28字×10　南満洲鐵道株式會社

No.

二月二十七日

運輸部大谷中尉ヨリ左ノ通面談アリタリ

船舶荷役ノ件

埠頭繋留中ノ船舶ニ積卸スヘキ陸運所管ノ貨物取扱ニ就テハ運輸部直轄ノ貨物ハ種々ノ事情アリテ請負ニ付シ難シ（一年間取扱高約一萬二千噸位）各部隊ニ屬スル分ハ請負ニ付スルコトヲ得

船積陸揚トモ毎噸十八銭以上二十銭見當此取扱高一年約一万二千噸位

右一部請負御希望ナレバ御引受相成度

No.

若シ他方面ノ苦力カ出入スル為メ取締上御困難トアレバ荷役苦力ハ埠頭ニ御願シテモ差支ナシ一日賃金参拾五銭

要スルニ陸運全部ノ荷役ヲ引受ケルコトガ本来ノ希望ニテ一部ノミニテハ大シタ効力ナシ然レトモ大輸送ノ場合ナトヲ豫想スレバ一部ナリトモ當方ニ引受ケ置クコトモ一策ナルベシ

苦力賃一日金参拾五銭ニテ供給方ヲ當方ニテ引受ケルコトハ一考スヘキ問題ナリ

右ニ対スル意見ハ極マリ次第更ニ大谷中尉ニ通知スヘキ旨約束セリ

No.

運送船發着手數料ノ件

満鐵ガ陸軍ヨリ引継當時ノ覚書ニ基キ
来ル四月一日ヨリ陸軍運送船ニ対シ規定ノ發着手数料ヲ申受ケ度ニ付右承知アリ度大谷中尉ニ申入レ仝時ニ埠頭船舶取扱規則一葉ヲ手渡セリ
之ニ対シ
従来ノ通免除セラレタキ希望ナレトモ是非トアレバ致方ナシ
本部宛四月一日以後ニ於ケル大連埠頭ヲ發着スル運送船ニハ発着手数料ヲ要スルニ付傭船契約ヲ此儀記入セラレ旨度申送ルコトヲ取計フヘシ

-0022　B列5　20字×10　南満洲鐵道株式會社

No.

ト答ヘラレタリ（渤海丸ノ発着手数料ハ申受ケサルコト）

運送船荷役引受ノ件

豫テ宿題トナリ居レル本件ハ如何トノ問合セアリタルニ對シ尚一考ノ餘地ヲ与ヘラレタシト申残セリ

明治四十五年三月十八日

南満洲鐵道株式會社

埠頭事務所長

楢崎猪太郎

No.

三月二十二日

陸軍輸送船荷役請負ノ件

豫テ交渉中ノ本件ニ付キ本日大谷中尉ニ會見シタル事項左ノ如シ

一、料金表ノ案中貳拾五銭トアルハ現在運輸部ノ内規ニヨリ貨物ノ種類ニ應シ貳拾五銭貳拾銭拾八銭拾六銭（重噸當）トスル事

二、一部御用船ノ場合ニモ苦力何名ト指定スル事（内容ハ現案ノ通リ噸當割合ヲ適用スルコト）

右ハ経理上ノ都合ニヨルトノ事

三、本件ニ就テハ支部長ト相談ノ上回答アル筈

満鉄埠頭事務所長　樋崎猪太郎

No.

繋船料問題ノ件

繋船料廃止後新ニ實施中ノ発着手数料（現行）ハ四月一日ヨリ陸軍輸送船ニ於テモ負擔セラレ度件ニ付大谷中尉ニ會見シタル結果近日本部ニ報告スヘキ旨回答アリタリ

明治四十五年三月二十二日

南満洲鐵道株式會社

埠頭事務所長　樋﨑猪太郎

マ-0022　B列5　28字×10　南満洲鐵道株式會社　(13. 9 10,000冊 納用課)

No.

第一案　運輸部案

契約書案

陸軍運輸部大連支部長服部英男ハ軍需品ノ船舶揚陸搭載及運搬ヲ南満洲鐵道株式會社埠頭事務所長猪崎猪太郎ニ請負ハシムルニ付左ノ條欵ヲ契約ス

第一條　本契約ニ於テ請負ハシムヘキ作業ノ種類及其方法左ノ如シ

一　揚陸　大連第埠頭ニ繋留スル陸軍一部借上繋船ニ積載セル軍需品ヲ陸揚ゲノ上交通船繋留附近指定ノ位置ニ整頓スル迄ノ作業ヲ云フ

No.

一、搭載埠頭ニ集積シアル軍需品ヲ全埠頭ニ繋留シアル陸軍交通船ニ積込ミ整頓スル迄ノ作業ヲ云フ。

一、運搬、埠頭ニ集積シアル軍需品ヲ當部ヨリ受領シナル南満洲鐵道ニヨリ受領部隊ニ送付シ又ハ該鐵道ニヨリ送付シ来ル軍需品ヲ埠頭ニ集積スル作業ヲ云フ。

第二條　契約担任官ハ前條ノ作業種別及作業開始作業終了時刻並ニ其物品ノ名稱ヲ作業實施前日若クハ當日ニ於テ請負者ニ通報スルモノトス

第三條　請負者ハ前條ノ通知ヲ受クレハ直ニ其準備ヲ整ヘ本人又ハ代理人現場ニ出テ係官ノ指示ニ従ヒ迅速確實且ツ

ト-0022　B列5　25字×10　南満洲鐵道株式會社　(13.9 10,000冊 舗刷製)

No.

丁寧ニ實施スルモノトス。

但シ代理人ハ專屬常置シ契約担任官ノ同意ナク変更スル

ヲ得ス。

第四條　請負者ハ作業中係官ノ指揮ヲ受クルハ勿論絶対ニ服従

スルモノトス。

第五條　請負者ハ作業中ニ於テ軍需品ヲ破損混綱滅失セシメタ

ルトキハ直ニ契約担任官ニ届出ツヘシ又現品授與後ニ於

テ作業ニ起因スル損害ノ場合亦同シ

第六條　契約担任官ハ前條ノ届出ヲ受ケタルトキハ其程度ヲ検

査シ原因ノ如何ヲ問ハス認定損害額ヲ賠償セシムルモノ

南満洲鉄道株式会社

No.

トス。

第七條　請負者ハ作業終了毎ニ作業ノ種別物品ノ名稱員数表ヲ作リ係官ノ認印ナ受ケ請負賃金兼請求書ニ添付シ支拂官衛部隊ニ提出スルモノトス。

第八條　請負賃金ハ本書末尾ニ添綴セル附表ノ通リトス但シ附表以外ノ物品ニ対スル賃金ハ其都度當事者双方協議之上之ヲ決定ス。

第九條　請負者ハ本契約ノ完全ナル履行ヲ証スル為メ保証金トシテ金五千圓ヲ大連本金庫ノ保管証書ヲ以テ契約担任官ニ納付スヘシ

No.

第十條　本契約担任官ノ同意ヲ得ルニアラザレバ第三者ヲシテ之レガ履行ヲナサシムルコトヲ得ズ

第十一條　請負者ハ前各條ニ違背シタルトキハ契約担任官ハ本契約ヲ解除シ第九條ノ保証金ハ違約金トシテ之ヲ官ニ没收スルモノトス

但シ一切ノ害損賠償金ニハ之レヲ充當セズ

第十二條　契約担任官ハ軍事上其他ノ都合ニヨリ何時ニテモ何等ノ補償ヲナスコトナク任意ニ本契約ノ全部又ハ一部ヲ解除スルノ權ヲ有ス

第十三條　契約担任官ニ留保セル認定權及解除權ノ行使ハ何等

ヲ-0022　B列5　28字×10　南満洲鉄道株式會社

No.

ノ手續ヲ要セス單純ナル意思表示ニヨリ直チニ其効力ヲ
生スルモノトス

第十四條　本契約第九条ノ保証金ノ還附ヲ本契約ノ完全ナル履
行ヲ終リタルトキ又ハ還附ノ事由発生シタルトキニ於テ
ス

第十五條　本契約ハ明治~~何年何月~~四十五年　月　日ヨリ同四十
六年三月卅一日迄効力ヲ有スルモノトス

右契約事項ヲ確守スルノ証トシテ本書二通ヲ作製シ當事者双方
署名捺印シ各自其一通ヲ領置ス

明治四十五年　月　日

-0022　B列5　28字×10　南満洲鉄道株式會社　(13.9 10,000冊)

No.

契約担任官

陸軍運輸部大連支部長　服部英男

請負者

南満洲鐵道株式會社埠頭事務所長　楢崎猪太郎

No.

軍需品揚陸搭載陸送賃金表

品名	揚陸搭載（壹噸ニ付）	自埠頭至第二ホーム（壹噸當）	摘要
兵器	金拾八銭	金参拾六銭	
彈藥	〃拾八銭	〃参拾六銭	
衛生材料	〃拾七銭	〃参拾四銭	
被服	〃拾六銭	〃参拾貳銭	
陣営具	〃拾六銭	〃参拾貳銭	
追送品	〃拾六銭	〃参拾貳銭	
酒保品	〃拾六銭	〃参拾貳銭	
雑品	〃拾六銭	〃参拾貳銭	

No.

彈藥空箱	金拾四銭	金貳拾八銭
副食物	〃拾四銭	〃貳拾八銭
米麥	〃拾四銭	〃貳拾八銭
薪炭	〃拾四銭	〃貳拾八銭
木材	〃拾四銭	〃貳拾八銭
石炭	〃拾四銭	〃貳拾八銭
秣	〃拾貳銭	〃貳拾四銭
燃料石炭	〃參拾銭	
貴重品	金貳拾五銭	金五拾銭
艀船積卸	金拾貳銭	
空叺	〃拾貳銭	金貳拾四銭

○-0022　B列5　20字×10　南満洲鉄道株式會社　(13.9 10,000 [illegible])

No.

備考

一、本船ヨリ艀舟ニ揚搭スル場合又本表ノ賃金ニヨル

二、火藥其他ノ危險物ニシテ沖荷役ヲ要スル物件ハ壹噸金四拾[illegible]錢トス。

三、埠頭構内ノ運搬賃金ハ品目ノ如何ニ係ラス壹噸ニ付金拾貳錢トス。

四、壹噸ハ容積四十才重量二百七十貫匁石數六石トス

但シ容積四十才ニシテ重量二百七拾貫以下ノモノハ容積噸ニヨリ其以上ノモノハ重量噸ニヨル

五、夜間作業（日没ヨリ日出マデ）ノ場合ハ前記賃金ノ總テ五割増トス

No.

六噸以下ノ端数ニ対シテハ噸以下二位（分厘）ニ止メ計算上ノ厘位
ハ切捨テトス
但最低賃金ヲ五銭トシ五銭未満ハ總テ五銭ニ切上クルコト

No.

覺書

一當部現時常傭々人左記ノ拾四名ハ現給ノ儘ニテ何時タリトモ引受クルコト

一、一部借上船ノ當部乗船[illegible]者手荷物多數ニテ人夫ヲ要スルトキハ無償ニテ運搬スルコト

左記

田中勝太郎　中村左七　佐藤與一郎　築地音松

布引伊三吉　小﨑彌四郎　石橋寅之助　鈴木正行

三邉満吉　園田本四郎　久保田甚太郎　国弘政太郎

柏本染太郎　浜田亀一

No.

明治四十年　月　日

陸軍運輸部大連支部長　服部英男

南滿洲鐵道株式會社埠頭事務所長

猶崎猪太郎

-0022　B列5　28字×10　南満洲鉄道株式會社

No.

第一案 當所案

契約書案

陸軍運輸部大連支部長服部英男ハ（以下單ニ甲ト称ス）南満洲鉄道株式會社埠頭事務所長礒崎猪太郎（以下單ニ乙ト称ス）トノ間ニ大連埠頭構内ニ於ケル軍需品左記ノ作業ニ付キ請負契約ヲ結フコト左ノ如シ

一、揚陸 埠頭ニ繋留スル一部借上船ノ陸軍用船舶ヨリ搭載ノ軍需品ヲ陸上ノ上該船舶繋留点附近指定ノ位置ニ整頓スル迄ノ作業

一、搭載 一部借上ノ陸軍用船舶埠頭繋留点附近ニ集積シアル軍

-0022 B列5 28字×10 南満洲鐵道株式會社

No.

需品ヲ該船舶ニ積込ミ船内積付迄ノ作業

一、運搬　埠頭構内ニ於ケル軍需品ノ運搬作業（埠頭構内ニ於テ受領部隊ニ引渡スモノヲ除ク）

第一條　請負賃金ハ本書末尾ニ添綴セル附表ニヨル

但附表以外ノ物品ニ対スル賃金ハ其都度甲乙双方協議ノ上之ヲ決定ス

第二條　作業中軍需品ニ生シタル損害ハ其原因ノ不可抗力ニ依ルモノヲ除ク外凡テ乙ノ負擔トス

第三條　運輸部ノ軍事上ノ都合ニヨリ何時ニテモ何等ノ保償ヲナスコトナク本契約ノ全部又ハ一部ヲ解除スルコトヲ得

No.

第四條 本契約ハ明治四十五年 月 日ヨリ同四十六年 月 日迄効力ヲ有ス

右ノ事項ヲ契約シタルノ証トシテ本書二通ヲ作リ双方記名捺印ノ上各其壹通ヲ保有スルモノ也

年 月 日

ヲ-0022 B列5 28字×10 南満洲鉄道株式會社

No.

軍需品揚陸船積運搬賃金表

品目	陸揚船積（各壹噸ニ付）	自埠頭至第二ホーム壹噸付	摘要
雑品取交	金参拾銭	金参拾五銭	
貴重品	〃四拾銭	金五拾銭	
石炭	金参拾五銭		

備考

一、本船ヨリ解取スル場合亦本表ノ賃金ニヨル

二、火薬其他ノ危険物ニシテ沖荷役ヲ要スル物件ハ壹噸金四拾銭トス。

三、建噸ハ大連埠頭貨物取扱規則ニ據ル

No.

四、夜間作業（日没ヨリ日出マデ）ノ場合ハ前記賃金ノ總テ五割増トス。

五、噸以下ノ端数ニ対シテハ噸以下ニ位ニ止メ計算上ノ厘位ハ切捨トス。

但シ最低賃金ヲ金五銭トシ金五銭未満ハ總テ五銭ニ切上クルコト。

ヲ-0022　B列5　20字×10　南満洲鉄道株式會社　(13. 9 10,000冊 舘刷製)

No.

明治四十五年四月九日

運輸部支部長大谷中尉トノ協議要領

一、過般先方ヨリ申出ノ賃金ハ荷役ニ使用セシ日本傭人ヲ當方ニ引受ケ貰ヒテ前年ノ賃金ニ比シ運輸部トシテ約金百圓各部隊ニモ算入シテ約一ケ年金千圓ノ節約トナルモノナレバ増額ノ餘地ナキ由ニテ當方ニテ再考ノ事

二、引受ケハ請書ヲ以テスルコト、シ其條項ハ當方提出ノ案ヲ参酌先方ニテ作成ノ事

三、奥地輸送ノ貨物ニ対シテハ當方ニ於テ送状ヲ運輸部ニ代リ作成セラレタキ旨申出アリ（一船ニ三十枚ノ由）

-0022　B列5　28字×10　南満洲鉄道株式会社　(15.9.10,000冊)

No.

四、貨車發着ノ貨物ハ船舶積卸賃ノ外ニ運搬賃アリ

五、當方ノ荷役随分乱暴ノ様見受ケラル此点引受ケラルヽトスレバ充分注意セラレタキコト

田村洋三

No.

第二案 運輸部案

契約書案

陸軍運輸部大連支部長服部英男ハ(以下單ニ甲ト稱ス)南満洲鐵道株式會社埠頭事務所長楢﨑猪太郎(以下單ニ乙ト稱ス)ノ間大連ニ置ケル軍需品左記ノ作業ニ付請負契約ヲ結フコト左ノ如シ

一、揚陸 埠頭ニ繋留セル陸軍用船舶(一部借上船ヲ含ム以下仝シ)ヨリ搭載ノ軍需品ヲ陸揚ケノ上該船舶繋留点附近指定ノ位置ニ整頓スル迄ノ作業

一、搭載 陸軍用船舶埠頭繋留点附近ニ集積シアル軍需品ヲ該船舶ニ積込ミ船内積付迄ノ作業

ヲ-0022 B列5 20字×10 南満洲鐵道株式會社 (13. 9 10,000冊)

No.

一運搬　埠頭構内ニ於ケル軍需品ノ運搬作業埠頭構内ニ於テ受領部隊ニ引渡スモノヲ除ク

第一條　請負賃金ハ本書末尾ニ添綴セル附表ニ依ル

但附表以下ノ物品ニ対スル賃金ハ其都度甲乙協議ノ上ヲ決定ス。

第二條　作業ハ凡テ甲ノ命シタル係官ノ指揮ニ従ヒ乙ハ係員一名ヲ専属常置シ迅速確實且叮寧ニ實施スルモノトス。

第三條　鐵道輸送ヲ為スヘキ軍需品ハ揚陸後受領部隊ニ送付シ又到着ノ軍需品ハ運輸部ニ引渡ノ手続ヲナスモノトス。

第四條　作業中軍需品ニ生シタル損害ハ其原因ノ不可抗力ニ依

ヲ-0022　B列5　28字×10　南滿洲鐵道株式會社　(12.9.10,000 [illegible])

No.

ルモノヲ除ク外乙ノ負担トス。

第五條　前條ノ認定権ハ甲ニ属ス乙ハ之ニ対スル異議ヲ述フルコトヲ得ス

第六條　甲ハ軍事上其他ノ都合ニ依リ何時ニテモ何等ノ補償ヲナスコトナク任意ニ本契約ノ全部又ハ一部ヲ解除スルノ権ヲ有ス

第七條　甲ニ留保スル認定権及解除権ノ行使ハ何等ノ手続ヲ要セス単純ナル意志表示ニヨリ直ニ其効力ヲ生スルモノトス。

第八條　本契約ハ明治四十五年　月　日ヨリ明治四十六年三月三十一日迄其効力ヲ有スルモノトス

ヲ-0022　B列5　28字×10　南満洲鉄道株式會社

No.

右契約事項ヲ確守スルノ証トシテ本書二通ヲ作成シ双方署名捺印シ各自其一通ヲ領置スルモノ也

No.

軍需品揚陸搭載輸送賃金表

品名	揚陸噸数（壹噸ニ付）	自埠頭至第二ホーム（壹噸ニ付）	摘要
兵器	金拾八銭	金参拾六銭	
弾薬	〃拾八銭	〃参拾六銭	
衛生材料	〃拾七銭	金参拾四銭	
被服	〃拾六銭	〃参拾弐銭	
陣営具	〃拾六銭	〃参拾弐銭	
追送品	〃拾六銭	〃参拾弐銭	
酒保品	〃拾六銭	〃参拾弐銭	
雑品	〃拾六銭	〃参拾弐銭	

No.

彈藥空箱	金拾四銭	金貳拾八銭
副食物	〃拾四銭	〃貳拾八銭
米麥	〃拾四銭	〃貳拾八銭
薪炭	〃拾四銭	〃貳拾八銭
木材	〃拾四銭	〃貳拾八銭
石炭	〃拾四銭	〃貳拾八銭
秣	〃拾貳銭	〃貳拾四銭
空叺	〃拾貳銭	〃貳拾四銭
燃料石炭	〃参拾銭	—
貴重品	〃参拾五銭	〃五拾銭

No.

備考

一、本船ヨリ艀船ニ揚載スル場合又本表ノ賃金ニ依ル

二、火薬其他ノ危険物ニシテ沖荷役ヲ要スル物件ハ一噸金四拾銭トス

三、埠頭構内ノ運搬賃金ハ品目ノ如何ニ不拘壹噸ニ付金拾弐銭トス

四、壹噸ハ容積四十才重量二百七十貫匁以下ノモノハ容積噸ニヨル其以上ノモノハ重量噸ニヨル

五、夜間作業（日没ヨリ日出マデ）ノ場合ハ前記賃金ノ凡テ五割増トス

-0022　B列5　28字×10　南満洲鉄道株式会社　(13.9 10,000)

No.

六、噸以下ノ端数ニ対シテハ噸以下二位（分厘）ニ止メ計算上ノ厘位ハ切捨トス

No.

覚書

一、當部現時常傭員左記ノ拾四名ハ現給ノ侭ニテ何時タリトモ引受クルコト

一、一部借上船ノ當部乗船者手荷物多数ニテ人夫ヲ要スル時ハ無償ニテ運搬スルコト

左記

田中勝太郎　中村佐七　佐藤與一郎　築地常松

布引伊三吉　小崎弥次郎　石橋勇之助　鈴木正行

三道満吉　岡田本次郎　久保田甚太郎　國弘政太郎

橋本粂太郎　濱田亀一

No.

明治四十五年　月　日

陸軍運輸部大連支部長　服部英男

南満洲鐵道株式會社埠頭事務所長　楠崎猶太郎

-0022　B列5　28字×10　南満洲鐵道株式會社　(1. 9　10,000冊 …)

No.

契約書案

陸軍運輸部大連支部長服部英男（以下単ニ甲ト称ス）ハ南満洲鉄道株式会社総裁中村是公（以下単ニ乙ト称ス）トノ間ニ大連埠頭ニ於ケル軍需品取扱ニ係ル左記作業ニ付キ請負契約ヲ結フコト左ノ如シ

一 揚陸　埠頭ニ繋留スル陸軍用船舶（一部借上船ヲ含ム以下仝シ）ヨリ搭載ノ軍需品ヲ陸揚ケノ上直チニ該船舶繋留点附近指定ノ位置ニ整積スル迄ノ作業

一 搭載　陸軍用船舶埠頭繋留当点附近ニ集積シアル軍需品ヲ該船舶ニ積込ミ船内積付迄ノ作業

ヲ-0022　B列5　28字×10　南満洲鉄道株式会社　(13.9 10,000冊 ...)

No.

一、運搬

埠頭構内ニ於ケル軍需品ノ運搬作業

第一條　請負賃金ハ本書末尾ニ添綴セル附表ニヨル。

但一個一噸以上ノ貨物ニ対スル取扱賃金及暴動流行病其他不可抗力ニ因リ労働者ノ賃金ニ大ナル異動ヲ生シタルトキハ其都度甲乙協議ノ上之ヲ決定スルモノトス

第二條　乙ハ甲ニ代リ鉄道輸送ヲナス可キ軍需品ヲ受領部隊ニ送付ノ手続ヲナスモノトス。

第三條　作業中軍需品ニ生シタル甲ノ負担ス可キ損害ハ大連埠頭貨物取扱規則ニヨリ之ヲ決定ス。

第四條　運輸部ハ軍事上ノ都合ニヨリ何時ニテモ何等ノ補償ヲ

ヨ-3022　B列5　28字×10　南満洲鐵道株式會社　(13.9.10,000 ...)

No.

ヲナスコトナリ契約ノ全部又ハ一部ヲ解除スルコトヲ

得

第五條　本契約ハ明治四十五年　月　日ヨリ同四十六年　月

日迄効力ヲ有ス

右契約事項ヲ確守スルノ証トシテ本書二通ヲ作成シ双方署名捺

印ノ上各其一通ヲ保有スルモノ也

ヲ-0022　B列5　28字×10　南満洲鐵道株式會社　(13. 9. 10,000)

No.

第一案　軍需品揚陸搭載運搬賃金表

品目	揚陸搭載（各壹噸ニ付）	自埠頭至市ニ市十公壹噸ニ付	摘要
兵器	金参拾銭	金参拾六銭	
弾薬	〃参拾銭	〃参拾六銭	
衛生材料	〃弐拾八銭	〃参拾四銭	
被服	〃弐拾六銭	〃参拾弐銭	
陣営具	〃弐拾六銭	〃参拾弐銭	
追送品	〃弐拾六銭	〃参拾弐銭	

No.

酒保品	金貳拾六銭	金参拾貳銭
雑品	〃貳拾六銭	金参拾参銭
弾薬空箱	〃貳拾五銭	〃参拾銭
副食物	〃貳拾五銭	〃参拾銭
米麦	〃貳拾五銭	〃参拾銭
薪炭	〃貳拾五銭	〃参拾銭
木材	〃貳拾五銭	〃参拾銭
石炭	〃貳拾五銭	〃参拾銭
秣	〃貳拾参銭	〃~~参拾銭~~貳拾七銭
空叺	〃貳拾参銭	〃貳拾七銭

No.

燃料石炭　金参拾銭

貴重品　四拾銭　金五拾銭

艀船積卸賃品目ノ如何ニ不拘壹噸ニ付金拾八銭

No.

第二案

軍需品揚陸搭載運搬賃金表

品目	揚陸搭載各壹噸ニ付 一部借上船以外ノ船舶	揚陸搭載各壹噸ニ付 一部借上船	自埠頭至ホーム壹噸ニ付
兵器	金参拾参銭	金貳拾参銭	金参拾六銭
彈藥	〃参拾参銭	〃貳拾参銭	〃参拾六銭
衛生材料	〃参拾貳銭	〃貳拾壹銭	〃参拾四銭
被服	〃参拾銭	〃貳拾銭	〃参拾貳銭
陣營具	〃参拾銭	〃貳拾銭	〃参拾貳銭
追送品	〃参拾銭	〃貳拾銭	〃参拾貳銭
酒保品	〃参拾銭	〃貳拾銭	〃参拾貳銭

ヨ-0022　B列5　28字×10　南滿洲鐵道株式會社　(12. 9. 10,000 …)

No.

品目			
雑品	金参拾銭	金貳拾銭	金三拾三銭
弾薬空箱	〃貳拾八銭	金拾九銭	〃参拾銭
副食物	〃貳拾八銭	〃拾九銭	〃参拾銭
米麥	〃貳拾八銭	〃拾九銭	〃参拾銭
薪炭	〃貳拾八銭	〃拾九銭	〃参拾銭
木材	〃貳拾八銭	〃拾九銭	〃参拾銭
石炭	〃貳拾八銭	〃貳拾貳銭	〃参拾銭
秣	〃貳拾五銭	〃拾七銭	〃貳拾七銭
空叺	〃貳拾五銭	〃拾七銭	〃貳拾七銭
燃料石炭	〃四拾銭	〃参拾銭	
貴重品	〃四拾銭	〃参拾五銭	〃〃五拾銭

No.

艀船積卸賃　品物ノ如何ニ不拘壹噸ニ付金拾八銭

備考

一、本船ヨリ艀船ニ搭載スル場合ハ本表ノ賃金ニヨル

二、火藥其他ノ危險物ニシテ沖荷役ヲ要スル物件ハ壹噸ニ付金四拾銭トス

三、埠頭構内ノ運搬賃金ハ品物ノ如何ニ不拘壹噸ニ付金拾貳銭トス

四、壹噸ハ容積四十才重量二百七拾貫匁石数六石トス但容積四拾才ニシテ重量二百七拾貫以下ノモノハ容積噸ニヨリ其以上ノモノハ重量噸ニ依ル

No.

五、夜間作業（日没ヨリ日出マデ）ノ場合ハ前記賃金ノ總テ五割増トス。

六、噸以下ノ端數ニ対シテハ噸以下ニ位（分厘）ニ止メ計算上ノ厘位ハ切捨トス。

但最低賃金ヲ五錢トシ五錢未滿ハ總テ五錢ニ切上クルコト。

No.

第二案　訂正

軍需品陸揚搭載運搬賃金表

品目	一部借上船ノ場合ニ於ケル揚陸搭載各壹噸	自埠頭至第二ホーム壹噸ニ付	摘要
兵器	金貳拾壹銭	金参拾六銭	
彈藥	〃貳拾壹銭	〃参拾六銭	
衛生材料	〃拾九銭	〃参拾四銭	
被服	〃拾八銭	〃参拾貳銭	
陣営具	〃拾八銭	〃参拾貳銭	
追送品	〃拾八銭	〃参拾貳銭	
酒保品	〃拾八銭	〃参拾貳銭	

ョ-0022　B列5　28字×10　南満洲鐵道株式會社　(14. 9. 10,000 [illegible])

No.

解船積卸賃品目ノ如何ニ不拘壹噸ニ付金拾五銭

No.

運輸部荷役引受提案

一、各部隊所属ノ荷物取扱ヒ

船舶積卸賃　壹噸ニ付金弐拾五銭

二、運輸部直属ノ荷物

(A)　一部御用船ノ場合

従来ノ労力賃ヲ荷物ノ噸数ニ引直シタル額ヲ申受ク（六銭

注

(B)　全部御用船ノ場合

(a)　全部直属貨物搭載ノ場合申ニ応シ若干数ヲ供スルコト

(b)　各部隊所属貨物混載ノ場合ハ一部御用船ノ場合ニ準ス

No.

三、構内運搬賃　壹噸金拾貳銭

四、艀積卸賃　壹噸金拾貳銭

五、以上諸料金ハ純粋ノ荷役賃ニシテ保管料及艀賃ヲ含マス

六、貨車積卸料　金拾貳銭

備考

昨年二月二十七日付運輸部支部宛ノ書状ニハ

危険品　金五拾銭

石炭　金参拾銭

貴重品　金四拾銭

其他雑品金貳拾銭

ヨ-3022　B列5　28字×10　南満洲鐵道株式會社

No.

商船定期船運輸部荷物ニ付テ

船舶貨物係

揚積噸數（最大ノ場合）

往航台南丸　船腹ノ三分ノ一　宇品寄港船

〃　台中丸　〃　六分ノ一

復航天草丸　〃　三分ノ一　宇品寄港船

〃　嘉義丸　〃　六分ノ一

最近ニ三月中ニ於ケル個數噸數次ノ如シ

7. 但シ一ケ年中一二月ハ最モ少ク十一月十二月ハ最モ多シト云

満-0022　B列5　28字×10　南満洲鐵道株式會社　（13. 9. 10,000）

No.

揚荷個數噸數

月日	船名	個數	噸數
二月五日	台中丸	六六八個	一六六.一二噸
二月十三日	台南丸	一〇二〇	三六一.二八
二月十九日	台中丸	一一五七	二二四.一二
二月二十五日	台南丸	三三二四	二八六.三
三月四日	台中丸	三一六	二二.一六
三月十一日	台南丸	一七四五	一〇三.九八
三月廿一日	台中丸	四四五	四五.〇三
三月廿九日	台南丸	四八七六	五七五.九二

積荷個數噸數

月日	船名	個數	噸數
二月六日	嘉義丸	六個	〇.五噸
二月十三日	天草丸	二七九	三四.五九
二月廿日	嘉義丸	一七一	一〇.六
三月廿七日	天草丸	二九九	五二.六七
三月五日	嘉義丸	七	〇.六三
三月十二日	天草丸	八	一.一〇
三月十九日	嘉義丸	一七二七	三四七.六九
三月廿六日	天草丸	九三五	四四.六四

■-022　B列5　28字×10　南滿洲鐵道株式會社　(13.9.40,000 ...)

No.

平均　一六九四　二二二、九九　平均　四二〇、六一、五五

註　揚荷ノ場合

平均ニ百貳拾三噸トシテ其積付ヲ左ノ如ク假定スレバ

百貳拾参噸　五番艙積

百　噸　三番中甲板積

一、右ニ要スル運輸部ノ荷役時間約四時間又ハ五時間トスレバ其間当所荷役ニ着手スルヲ要ス加之甲板ニ青物類ヲ積載スル場合ニハ青物陸揚終了ノ上一時荷役ヲ中止シ右時間ヲ待タザルベカラス（当所ニテ荷役スレバ少クモ約一時間遅ナラシメ得

最モ右ハ積付ノ都合ニヨリ出来得ル限リ或ハポールトヨリ荷

No.

役ヲナシ当所荷役ト運輸部荷役トヲ相平行セシムルニ力ムレトモ其荷役ハ十分ナラス荷役予定ニ齟齬ヲ生スルコト往々ナリ。

一、運輸部ハ夜業ヲナサス且又往々ニシテ荷役開始時間ノ不定ナルタメ当所荷役ノ際運輸部ノ荷物ヲ艙内ニテ側ニ傭イ置キテ荷役ヲナササルヘカラス特ニ汽関砲等ノ如キ重量品ヲ積載スル場合ニハ非常ニ不便ヲ感ス

積荷ノ場合

一、積荷ハ揚荷ニ比シ噸数場割合ニ少キヲ以テ揚荷ノ場合ノ如ク大ナル不便ヲ感セサルモ其噸数多キ時ハ揚荷同様ノ不便アリ。

ヨ-0022　B列5　28字×10　南満洲鉄道株式會社　(13.9. 5,000 ...)

受入番号1052

水運　港灣

整備項目	社 水 比 對	運營	運營
索引番號	第六十七號	文書番號	3-1.

件名

阪商船東清其他ト貨物聯絡運輸ニ關スル

件ー沿河

（大正三年）

備考

B列5　　（12. 7. 5,000枚 松浦屋納）

No.

関東都督府経由

監第二二九六號

南満洲鉄道株式会社

大正二年十月七日附運第五第五八四號ノ方ヲ以テ申請ニ係ル其ノ会社ト鉄道院大阪商船株式会社東清鉄道株式会社及露西亜義勇艦隊トノ間ニ於ケル貨物聯絡運輸ニ関スル約定及運送規程中改正ノ件認可ス

大正二年十月二十八日

内閣総理大臣伯爵山本權兵衛

ヨ-0022　B列5　28字×10　南滿洲鐵道株式會社　(13.9. 10,000冊 結川納)

受入番号No.23

整備項目	水運港湾	運営	
索引番號	21	文書番號	39

件名

欧洲大戦時局ニ對スル保険料ノ件

（大正三年八月）

備考

水運港湾—運営（22）

B列5　　　　(12. 7. 5,000枚 松浦屋納)

No.

添付書類時事新報抜萃 一通

南満洲鉄道株式会社
埠頭事務所長 樋崎猪太郎 (印)

大正三年八月十六日

総裁 中村雄次郎 殿

拝啓

時局ニ対スル保険料ノ件、

今回欧州戦争ノ結果東洋ニ波及スル影響尠カラズ現ニ当方面ニ於ケル海上貿易ハ全ク禁止的ノ高率ナル戦時保険料ヲ要求セラレ到底負担ニ堪ユベキモノニアラズ故ニ強テ之ヲ実行セントスルニハ船体及貨物ニ対スル一切ノ危険ヲ当業者ニ於テ負担セザ

ヨ-022 B列5 28字×10 南満洲鐵道株式會社 (13. 9. 10,000)

No.

ルリラス目下本社、日本郵船會社、大阪商船會社ノ如キ定期航路ニ從事スル船舶ハ公共ニ奉仕スルノ觀念ヲ以テ戰時保險ヲ付スルコトナク其航海ヲ繼續中ニ有之候得共、一朝戰時ノ危險ニ遭遇スルトキハ其損害ハ何等之ヲ填補スルノ途ナク全ク當該ノ船會社及貨主ニ於テ之ヲ負擔セサル可カラサルノ境遇ニ有之候事ニ各船會社ハ此憂慮ヲ以テ航海ニ從事セリトスルモ一方貨物ニ對スル保險カ今日ノ高率ニテハ到底收支引合フヘキ筈ナク隨ツテ出貨杜絶ノ姿ニテ船舶ハ徒ラニ多大之空積ヲ擁シテ航海スルノ止ヲ得サルノ有樣ニテ隨テ社外ノ貨物船ノ如キハ大部分航海休止ノ如ク見受ケラレ申候。

No.

當ハ時局ノ實際ニ平素東洋ニ横行シツツアル独逸船及英国船ノ航海目下休止ノ此際ニ於テ日本船舶ハ當然當方面ノ航海權ヲ專有スヘキ大切ノ秋ナルニモ拘ラス實際ハ全ク反對ノ境遇ニ陥リ居ルコトハ誠ニ遺憾ノ至ニ存之候今東京海上保険會社ノ保険率ナリト調ヘテ聞クニ

船体保険
　戦時　一航海ニ付　保険價額ノ一割以上
　平時　一ヶ年ニ付　〃　三歩乃至七歩

貨物保険
　戦時　八月十日頃　百円ニ付　六円
　　　　八月十五日頃　〃　一円五十銭
　平時　〃　三十銭

ヨ－022　B列5　28字×10　南滿洲鐵道株式會社　(13. 9. 10,000)

No.

限リニ前記戦時保険率ヲ榊丸船体ノ保険価格百三十萬円ニ適用スルモノトスレバ一航海即片道二日間ニ於テ保険料二十六萬円ヲ支払ハサルヘカラサル事ト相成全ク航海禁止ト全一ノ結果ト相成申候内地タルト満洲タルトヲ問ハス苟モ海運ニ待ツニ非サレバ貿易発展ノ目的ヲ達スルコト能ハサル方面ニ於テ前記高率ノ保険料ノ為メニ其目的ヲ達スヘキ千載一遇ノ機会ヲ阻止セラル、コトハ此上モ無キ遺憾ノ至ニ存居候處偶々時事新報紙上ニ於テ別紙抜萃ノ通リ

英国政府ハ

船体ニ對スル戦時保険ノ八十パアセントヲ引受ケ

貨物ニ対スル戦時保険ノ如キ「パアセニ上ヲ引受クル、右ノ記事アリ、実ニ海国トシテ最モ進歩シタル且最緊要ノ政策ト信シ爰ニ加封シテ御高覧ニ供シ候、

単ニ戦時保険料ノ高率ナリトノ理由ヲ以テ営利ヲ目的トスル保険会社ヲ責ムルハ随分無理ナル注文ニシテ到底一般ノ要求ニ副フマデノ低率ニ引下ケルコトハ期待シ難キ義ト存候故ニ此際政府ニ於テ一部ノ責ニ任スルノ覚悟ヲ以テ保険会社ヲシテ戦時保険ニ対シ或程度ノ割増（平時保険料ノ三割増位？）ヲ実行セシメ一旦危険ニ会シタル場合ニ於テ当該保険会社ガ収入シタル戦時保険料全部ヲ以テ之ヲ弁償シ尚且不

No.

足ヲ生シタルトキハ政府ニ於テ之ヲ補給スル事、

ト謂フカ如キ方針ヲ以テ此際至急実施法及一般貿易ニ対スル為

替調節方ヲ其筋ニ御請願相成度特ニ御詮議ヲ仰キ候　敬具

尚本件ノ如キハ時機ヲ失スルトキハ無効ニ帰スルノ虞有之候

間御詮議ノ上前記ノ意味ニテ電報ヲ以テ豫メ御照会相成候様

願上度候、

No.

船舶保険保護

大正三年八月八日上海発特電
大正三年八月十一日時事新報所載

上海之海上保険會社協會ハ倫敦ノ該協會ヨリ左之如キ電報ニ接セリ

英國政府ハ八月六日以来戦時ノ危険ニ對シ國家保険策ヲ採擇セリ此ノ保険ハ英國北部ニ於ケル船舶ノ船体ニ對スル戦時保険ノ八十「パーセント」ヲ引受ケ倫敦ノ賠償協會戦時保険協會團体及「リウアープール」ノ戦時保険協會ヲ保護スルモノナリ但シ敵國ノ財産及ビ布告ニヨリ禁止セラレタル貨物ハ此ノ限リニアラズ又タ國家保険ハ「ロイド」會社「ブリチツシユ」會社及ヒ他ノ會社ノ取結ベル海上保険ノ貨物ニ對シ戦時保険ノ百「パーセント」

No.

ヲ引受ク、但シ此ノ如キ保険ハ政府ノ計画ニ依リ戦時保険ヲ付シタル船舶ニテ輸送サル、貨物ニ限ルモノトス而シテ政府ノ保険ヲ受クルモノハ八月五日ヲ以テ始マレル航海ニ限リ其保険率ハ最高一「ギニア」ニシテ最少一「ギニア」ナリ戦時危険ニ対スル「ギニア」ノ価格ハ海上保険ト同一ナリトス夫レ以上ノ価値ハ承引セラレザル可シ。

受入番号 No 24

整備項目	水運港湾	運営	
索引番號 21		文書番號 40	

件名

兵器弾薬取締ニ関スル件

（大正三年—九月）

備考

水運港湾—運営（22）

B列5　（12. 7. 5,000枚 松浦屋納）

No.

大正三年九月十一日

海務局

御中

兵器弾薬取締ニ関スル件

支那民国政府ハ時局ニ関シ支那民国各開港場ニ出入スル一般船舶ニ対シ兵器弾薬取締ヲ厳ニスル主旨ヲ以テ新規定ヲ設ケラレ候本規定中ノ左記條項ハ目下最モ必要ト存ラレ候ニ付注意及通牒候也

記

第四條　中国ノ諸港ニ入港スル外国商船ニシテ自衛ノ為兵器弾薬ヲ所持スルトキハ検査ノ為海関ニ其ノ目録ヲ提出スヘシ若シ

No.

実際所載ノ武器弾薬ニシテ目録記載ノ数ヲ超過セルモノナルトキハ此等ノ超過セル武器弾薬ニ対シテハ密輸入セルモノト看做ス

(14)C

整備項目	水運港灣	運営	
索引番號	118—1	文書番號	25

備考

件名

各港諸掛比較

大正三年十二月

B列5

(12. 7. 5,000枚 松浦屋納)

各港諸掛比較表

○本表ハ各港諸掛比較ヲ簡明ナラシムル為メ仮定船舶ヲ

登簿屯数　1,743屯　總屯数　2,812屯

吃水（満船）　20呎　貨物積高　3,500屯

トシ各港トモ満船ニテ出入スルモノトセリ

○各港ノ状況ニヨリ貨物ノ種類及数量一様ナラザレドモ

何レノ港モ同種ノ貨物ヲ積ンデ出入スルモノトセリ故ニ港

多少ノ無理ナル点アルヲ免レズ

○主トシテ貨主ノ負担ニ属スル陸上ケ、陸下ゲ、艀賃等ハ正確ナル

数字ナキ場合ハ参考書類ニ就テ推定セリ

○支那噸税ハ四ヶ月間有効トス、本計算ニハ一ヶ年一回宛入

港スルモノト仮定シテ一ヶ月分丈ケ計上セリ

○爪哇噸数税ハ六ヶ月間有効トス　本計算ニハ六ヶ月ニ一航海

スルモノトシテ其半額ヲ計上セリ

大正三年十二月十八日　　埠頭事務所

タ―0021　B列5　22字×15　330字詰　南満洲鐵道株式會社

Comparison of Ports Charges

Ports	Charges on Vessels	Charges on Shippers	TOTAL	Remarks
Dairen	Y 1,160.00	Y 1,995.00	Y 3,155.00	alongside wharf
Fusan	2,361.75	1,540.00	3,901.75	by lighter
Hongkong	782.03	3,150.00	3,932.03	alongside wharf
Keelung	1,656.15	2,450.00	4,106.15	by lighter
Kobe	1,552.15	6,930.00	8,482.15	alongside wharf
Manila	2,268.58	3,118.50	5,387.08	by lighter
Newchwang	4,447.77	-	4,447.77	alongside wharf
Shanghai	3,550.17	-	3,550.17	〃
Singapore	2,579.46	3,465.00	6,044.46	〃
Soerabaia	2,780.80	3,920.00	6,700.80	by lighter
Tientsin	2,268.89	6,273.00	8,541.89	by lighter 2.500 $ alongside wharf 1.00 $
Tsingtau	4,637.97	-	4,637.97	alongside wharf
Yokohama	1,860.89	2,100.00	3,960.89	alongside customs wharf

Particulars as attached

DAIREN

(Alongside Wharf)

Charges on Vessel

Berthing Charges (under 3,000 $)	Y 40.00
Discharging Stevedorage, 3,500 $ @ Y0.15 per ton	525.00
Loading " " " " "	525.00
Fresh water, 100 tons Y0.35 per ton	35.00
Petties	10.00
Agency Commission	25.00
	Y1,160.00

Charges on Shippers

Landing Charges, 3,500 $ @ Y0.36 per ton	Y1,260.00
Shipping " @ Y0.21	735.00
	Y1,995.00

TOTAL ---- Y3,155.00

Fusan

(by lighter)

Charged on Vessels:

Tonnage Dues, 1.743 N.R.T. @Y0.25 per ton for 4 months	Y435.75
Harbour Dues,	4.00
Discharging Stevedorage, 3,500 $ @Y0.15 per ton	525.00
Loading " " " " "	525.00
* Lighterage for loading, @Y0.22	770.00
Fresh water, 100 tons @Y0.50 per ton	50.00
Sampan Hire, 8 days @Y0.50 per day	12.00
Petties	16.00
Agency Commission	25.00
	Y2,361.75

Charges on Shippers.

Lighterage for import, 3,500 $ @Y0.22 per ton	Y770.00
Landing Charges, 3,500 $ @Y0.11 per ton	385.00
Loading into lighter, 3,500 $ @Y0.11 per ton	385.00
	Y1,540.00

TOTAL	Y3,901.75

※当港ハ積荷ノ艀賃ハ船ノ負担トスル習慣ナリ

Hongkong

(alongside wharf)

Charges on Vessel.

Light Dues, 2.743 N.R.T. @ $0.02 per ton	$	34.86
Wharfage, in full		60.00
Discharging Stevedorage, 3,500 tons @ $0.10 per ton		350.00
Loading " " " " "		350.00
Fresh water, 100 tons @ $0.25 per ton		25.00
Consular Fee		4.06
Duties		20.00
Agency Commission		25.00
		$868.92
Exchange @		Y 782.63

Charges on Shippers.

※ Landing Charges, 3,500 tons @ $0.50		$1.750.00
Shipping Charges, " "		1.750.00
		$3,500,00
Exchange @ Y0.90		Y3,150,00
TOTAL		Y3,932.03

※ The Hongkong & Kowloon Wharf & Godown Co. = Tariff 由ル

Keelung (by lighter)

Charges on Vessel

Tonnage Dues (same as Kobe)	Y 87.15
Discharging Stevedorage, 3,500 $ @ Y0.20 per ton	700.00
Loading 〃 〃 〃 〃	700.00
Boiler Whater, 100 tons @ Y0.25 per ton	25.00
Sampan Hire, 6 days @ Y1.50 per day	9.00
Petties	10.00
Agency Commision	25.00
	Y1,551.15

Charges on Shippers

Import	
Lighterage, 3,500 $ @ Y0.20 per ton	Y 700.00
Landing Charges, 3,500 $ @ Y0.15 per ton	525.00
Export, vise versa	1,225.00
	Y2,450.00

TOTAL ---------- Y4,106.15

Kobe (alongside wharf)

Charges on Vessel

Tonnage due, 1,743 N.R.T. @ Y0.05 per ton	Y 87.15
Discharging Stevedorage, 3,500$ @ Y0.20 per ton	700.00
Loading " " " "	700.00
Fresh water, 100 tons @ Y0.25 per ton	25.00
Petties	15.00
Agency Commission	25.00
	Y 1,552.15

Charges on Shippers

※Landing and shifting charges, 3,500$ @ Y0.99 per ton	Y3,465.00
Shipping and shifting Charges " " "	3,465.00
	Y 6,930.00

TOTAL Y 8,482.15

※神戸桟橋倉庫同業者協定賃銀表中豆粕1枚3歩ヲ引例ニ多リ.
即チ33枚＝1ton ¥.99トナル次第ナリ

Manila (by lighter)

Charges on vessel

Pilotage, Inward	Peso 26.00
Customs Entrance Fee	4.00
" Clearance Fee	4.00
Discharging Stevedorage, 3,500 $ @ PS. 0.30 per ton	1,050.00
Loading " " " " "	1,050.00
Consular Fee	4.49
Sampan Hire, 8 days @ PS. 1.50 per day	9.50
Fresh Water, 100 ton @ PS. 1.00 per ~~day~~ ton	100.00
Petties	20.00
Agency Commission	25.00
	Peso 2,291.49
Exchange @ Y0.99	Y 2,268.58

Charges on Shippers

Import,	
Lighterage, 3,500 $ @ PS. 0.30 per ton	Peso 1,050.00
Landing " @ PS. ~~0.30~~ 0.15 per ton	525.00
Export, vise versa	1,575.00
	Peso 3,050.00
Exchange @ Y0.99	Y 3,118.50

TOTAL	Y 5,387.08

Newchwang (alongside wharf)

Charges on vessel

Pilotage, from sea to wharf 20'0" @ TIS. 6.50 per foot TIS. 130.00 @ 130	$	167.00
" from wharf to sea		167.00
⊔ Tonnage Dues, 1,743 N.R.T @ H.K.T. 4 maces per ton for 4 months H.K.T. 697.20 @ 114 H.K.T. 794.80 @ 130 TIS. 1,033.24 ¼		258.81
Port Dues, 1,743 N.R.T. @ H.K.T. 2 maces per ton H.K.T. 34.86 @ 114 TIS. 39.74 @ 130		51.66
Discharging Stevedorage, 3,500 $ @ $0.20		700.00
※ Landing Charges, 3,500 $ @ $0.40		1,400.00
Loading Stevedorage, 3,500 $ @ $0.20		700.00
※ " Charges, " @ $0.40		1,400.00
Wharfage		50.00
Consular Fee		4.00
Petties		15.00
Agency Commission		25.00
		$4,941.97
Exchange @ ¥0.90		¥4,447.77

Charges on Shippers.

Nil

※ 當港ハ凡テ倉庫交付ノ習慣故 Landing shipping
両方共船ノ負担ニスルモ若シ他港仝様
荷主負担ト假定スレバ
船負担 ¥1,647.77
荷主負担 2,800.00
¥4,447.77

□ 噸税ハ一ケ月分ダケヲ計上ス

Shanghai (alongside wharf)

Charges on Vessel

Dilatage, from sea to wharf 20'0" @TIS.5.50 per foot TIS.119.00	@130	$	143.00
" from wharf to sea			143.00
" Extra @TIS.0.02 per G. Ton TIS.5.63	@130		7.32
Tonnage Dues (same as Newchwang)			258.31
Wharfage (under 3,000 tons) TIS.90.00	@130		117.00
Discharging Stevedorage, 3,500 $ @TIS.0.09 per ton TIS.315.00	@130		407.50
※ Landing Charges, 3,500 $ @TIS.0.34 per ton TIS.1,190.00	@130		1,547.00
Shipping Stevedorage, 3,500 $ @TIS.0.09 per ton			407.50
※ Shipping Charges, 3,500 $ @TIS.0.17 per ton TIS.595.00	@130		778.50
Fresh water, 100 tons @$2.00 per ton			100.00
Consular Fee			4.00
Agency Commission TIS.25.00	@130		32.50
			$ 3,944.63
Exchange @¥0.90			¥3,550.17

Charges on Shippers

Nil

※ Landing & Shipping Charges 本船会社持ナリ

若シ之ヲ荷主負担トスレバ　船負担 ¥1,461.72
荷主負担 2,088.45
¥3,550.17

Singapore

(alongside wharf)

Charges on Vessel

Pilotage (compulsory), (Inward 20'0" @ $20 per foot	$ 24.00
" " (Outward 20'0" " " "	24.00
Light Dues, 1,743 N.R.T. @ $0.12 per 7 tons or ½ Anna per ton	29.88
Discharging Stevedorage, 3,500 T @ $0.30 per ton	1,050.00
Loading " " " "	1,050.00
Winch Drivers, 4 men 8 days @ $1.50 per day per head	48.00
Consular Fee	4.08
Fresh water, 100 tons @ $0.70 per ton	70.00
Petties	20.00
Agency Commission	25.00
	$ 2,344.96
Exchange @ Y1.10	Y 2,579.46

Charges on Shippers

At $0.45 per ton for Import Cargo, " $0.45 " " " Export Cargo } 3,500 T	$ 3,150.00
Exchange @ Y1.10	Y 3,465.00
TOTAL	Y 6,044.46

	Fls. 4,900.00
Exchange @ Y80	Y 3,920.00
TOTAL	Y 6,700.80

※6ケ月間有効ニ付半額ヲ計上セリ

△正確ナル材料ナシ

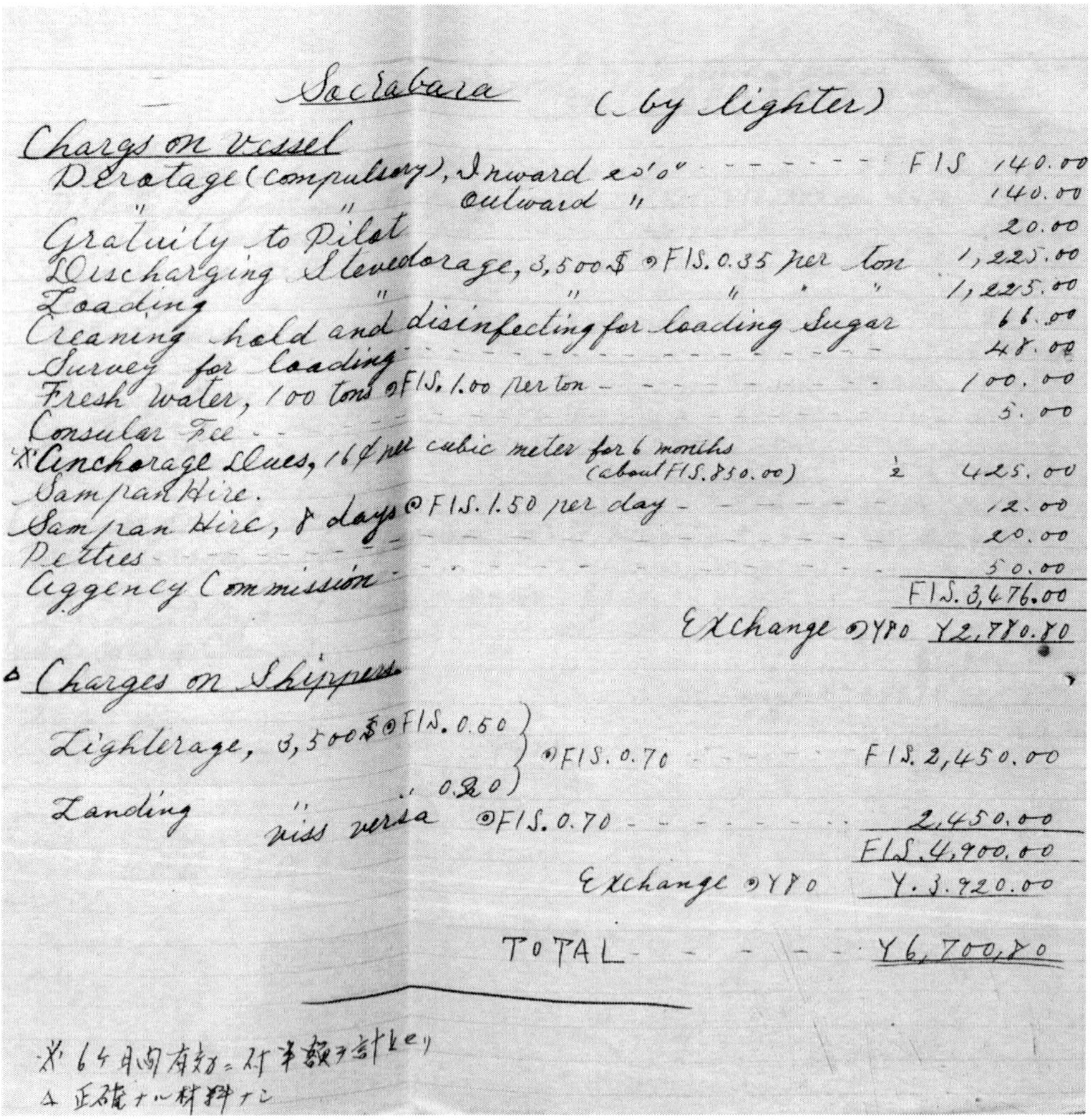

Socrabara (by lighter)

Charges on vessel

Derotage (compulsory), Inward 20'0"	FIS	140.00
" " Outward "		140.00
Gratuity to Pilot		20.00
Discharging Stevedorage, 3,500$ @FIS. 0.35 per ton		1,225.00
Loading " " " "		1,225.00
Cleaning hold and disinfecting for loading Sugar		66.00
Survey for loading		48.00
Fresh water, 100 tons @FIS. 1.00 per ton		100.00
Consular Fee		5.00
※Anchorage Dues, 16¢ per cubic meter for 6 months (about FIS. 850.00)	½	425.00
Sampan Hire.		
Sampan Hire, 8 days @FIS. 1.50 per day		12.00
Petties		20.00
Aggency Commission		50.00
		FIS. 3,476.00
Exchange @Y80		Y2,780.80

△ Charges on Shippers

Lighterage, 3,500$ @FIS. 0.50 } @FIS. 0.70		FIS. 2,450.00
Landing " , 0.20) viss versa @FIS. 0.70		2,450.00
		FIS. 4,900.00
Exchange @Y80		Y. 3,920.00
TOTAL		Y6,700.80

※ 6ヶ月内有効ニ付半額ヲ計上セリ
△ 正確ナル材料ナシ

Tientsin (to be discharged or loaded at out side Bar 2,500 $ and at Tientsin alongside Wharf 1,000 $)

Charges on Vessel	
Tonnage Due, (same as Newchwang)	$ 258,31
Pilotage, from sea to wharf 13'6" @ TLS.4.00 TLS. 177.00 @130	152,12
" outward	152,12
Mooring Fee, 4½d per N.R.T. (1.743 tons)	78,44
Wharfage	35,00
Stevedorage Discharging, 3,500 $ @$0.25	875,00
" Loading " "	875.00
Launch Hire, etc	50.00
Petties	20.00
Agency Commission	25.00
	$2.520,99
Exchange @¥0.90	¥2,268.89
Charges on Shippers.	
Lighterage, 2,500 $ from sea to Tientsin @$1.00	$2.500.00
" vise versa @$1.00	2,500,00
Landing charges at Tientsin 3,500$ @$0.30	1.050.00
Shipping Charges " " @$0.25	920.00
	$6,970.00
Exchange @¥0.90	¥6,273,00
TOTAL	¥8,541.89

[illegible]

Tsingtau (alongside wharf)

Charges on Vessel

Tonnage Dues, 1,743 N.R.T. @$0.065	$ 113.30
Pilotage, 20'0"	50.00
Wharf Dues, for Import Chargo 3,500$ @$0.50 (about)	1,752.00
" " for Export Chargo " "	1,752.00
Discharging Stevedorage, 3,500$ @$0.20	700.00
Loading " " "	700.00
Fresh water, 100 tons @$0.40 per ton	40.00
Petties	20.00
Agency Commission	30.00
	$5,153.30
Exchange @¥0.90	¥4,637.97

Charges on Shippers.
Nil

Singapore ノ例ニ倣ヒ Wharf Dues ヲ
荷主ノ負担ト假定スレバ

船負担	¥1,484.37
荷主負担	3,153.60
	¥4,637.97

Yokohama (alongside customs wharf)

Charges on vessel

Tonnage dues (same as Kobe)	Y 87.15
Discharging Stevedorage, 3,500 $ @ Y 0.20 per ton	700.00
Loading " 3,500 $ General cargo @ Y 0.20 per ton	700.00
Wharfage, for 6 days. 1,743 N.R.T. @ Y 0.03 per ton per day	313.74
Boiler water, 100 tons @ Y 0.25 per ton	25.00
Petties	10.00
Agency Commission	25.00
	Y 1,860.89

※Charges on shippers

Import	
Landing charges, 3,500 $ @ Y 0.14	Y 490.00
Shifting charges, @ Y 0.10	350.00
Storage for 4 days, 3,500 $ @ Y 0.005 per 500 Kin per day or @ Y 0.015 per ton per day	210.00
Export vise versa	1,050.00
	Y 2,100.00
TOTAL	Y 3,960.89

※税関ニ付取調ヘタル材料ニヨル

整備項目	水運港湾	運營	
索引番號	7	文書番號	21—1

備考

件名

大正四年度大連港輸出入貨物調表

B列5

（12. 7. 5,000枚 松浦屋納）

輸入貨物屯数仕出國别及比較表

大正四年度　埠頭事務所

品名	日本	朝鮮	支那	南洋	欧州	米國	計	大正三年 輸入高	大正三年 比較増減	大正二年 輸入高	大正二年 比較増減
鉄道材料	168						168	1.184	1.016	3.994	3.826
社用雑品	5.129	2	266	2	24	384	5.807	21.431	15.624	33.402	27.595
枕木	28.879		1				28.880	30.179	1.299	22.166	6.714
木材	32.106	15	2.406	5		13	34.545	50.355	15.810	52.062	17.517
石材	69	228	1				298	948	650	1.827	1.529
セメント及石灰	9.162		148			2	9.312	16.293	6.981	23.141	13.829
煉瓦及瓦	555		22				577	1.125	548	2.024	1.447
金物 鉄鋼製品	12.615	32	3.661	187	957	2.444	19.896	14.709	5.187	20.517	621
金物 原料鉄	1.805	13	525				2.343	3.537	1.194	3.165	822
金物 其他金物類	4.072	3	1.845	14	108	195	6.237	4.134	2.103	5.312	925
機械器具	1.463	20	502	4	171	1.215	3.375	2.985	390	7.316	3.941
草類	281		118		5	1	445	531	86	1.092	647
米	2.152	15.143	3.596				20.851	20.825	26	30.435	[illegible]
穀類	3.176	962	1.405		91		5.634	4.641	993	3.133	2.501
麦粉	502		24.037		91		24.630	13.614	11.06	49.720	25.090
砂糖	8.795		3.120				11.915	8.893	3.022	13.382	1.467
醤油	1.733	70	20				1.823	1.552	271	1.471	352
味噌	408	5	7				420	402	18	426	6
魚類及海産物	3.587	114	204		152		4.057	5.043	986	6.803	2.746
野菜及果物	12.970	62	7.887	15	9	4	20.947	16.560	4.387	21.892	943
食料品	8.054	225	10.680	4	20	98	19.081	9.663	9.418	6.383	12.698
酒類	5.157	172	990	4	227	1	6.331	7.253	922	8.155	1.824
麦酒	2.644		183		2		2.829	2.394	435	1.867	962
茶	503		1.681	1			2.185	1.242	943	661	1.524
莨	604	546	13.596		42		14.787	7.686	7.101	7.978	6.809
綿	1.067		2.962		33		4.062	3.044	1.018	3.959	103
綿布	6.800	11	4.910		144		11.865	12.088	223	21.276	9.411
絲類	5.642	2	901	1	14		6.560	8.133	1.576	9.414	2.854
織物	3.066	49	2.846	3	676		6.140	3.263	2.877	5.520	620
衣類及附属品	2.295	3	801		2		3.101	1.581	1.520	4.050	949
陶磁器	3.101	4	23				3.136	2.862	274	3.582	446
硝子	2.345	146	247	48	22	176	2.984	4.417	1.433	5.669	2.685
家具	2.176	46	772			5	3.019	2.499	520	4.254	1.235
疊表床	1.585	2	271				1.858	1.795	63	2.114	256
石油	42		755			16.731	17.528	14.584	2.944	24.747	7.219
油類	4.129	22	2.263		41	890	7.345	3.545	3.800	2.339	5.004
薪炭	7.589	340	1.465				9.394	10.345	954	11.354	1.960
石炭	390						390	25	365	1.222	832
薬品	3.927	92	1.050	2	140	2	5.013	1.919	3.094	1.990	3.243
塗料及染料	651	189	485		13	2	1.340	988	352	1.187	153
紙類	7.823	35	4.262	14	22	1	12.207	11.753	454	11.226	981
燐寸	10.230	3	27		2		10.264	5.163	5.101	10.262	2
蠟燭	65		3173		24	628	3.890	1.558	2.332	2159	1.931
皮革類	409	45	705		1	18	1.178	587	591	674	504
麻袋	3.488	1	9.767	1.618	72		14.946	24.232	9.286	13.102	1.844

品名	日本	朝鮮	支那	南洋	歐州	米國	計	大正三年 輸入高	大正三年 比較増	大正二年 輸入高	大正二年 比較増
空罐及樽	22.458	2.171	37.218		1.019		62.866	31.727	31.139	27.561	35.305
大豆	1	3	678		70.779		71.461	34.683	36.778	14.709	56.752
豆粕			245				245	8.053	7.808	11.399	11.154
豆油			500				500		500	305	195
牛骨			14				14	40	26	18	4
其他	33.101	800	20.426	132	1.619	1.136	57.214	44.813		39.526	17.688
計	268.790	21.536	173.497	2.054	76.092	23.946	565.895	480.854	35.041	55.0812	15.083
大正三年中	250287	18.054	126.077	2.798	61.675	21.964	480.854				
比較増減	18.501	3.485	47.420	744	14.397	1.982	85.041				
大正二年中	303.603	15.531	124.771	1.383	60.854	44.670	550.812				
比較増減	34.813	6.005	48.726	671	15.218	20.724	15.083				

輸出貨物仕向國別々屯數比較表 大正四年度

品名	日本	朝鮮	支那	南洋	欧州	米國	計	大正三年 輸出高	大正三年 比較増減	大正二年度 輸出高	大正二年度 比較増減
石炭	123,876	34,098	137,646	55,613	2,000		353,233	520,937	167,709	595,211	241,948
大豆	51,167		74,130	17,154	32,794		175,245	376,720	201,485	144,872	30,373
豆粕	569,603	396	111,991				681,990	561,437	120,553	538,422	143,568
豆油	26,917	18	2,098		48,177	11,950	87,160	59,283	27,877	54,470	34,690
小豆	17,817		4,060				21,877	27,087	5,210	19,562	2,315
吉豆	263		3,780				4,043	8,804	4,761	2,108	1,935
高粱	4,007	37	17,902		274		22,220	42,858	20,638	16,483	5,737
粟	1,915	1,007	1,971				4,893	18,528	13,635	25,675	20,782
包米	2,913	58	11,550				14,521	65,313	50,792	5,921	8,600
小麦	3,448		99				3,547	3,447	100	22	3,525
麻子	7,088	10	154		622		7,874	12,455	4,581	8,824	950
蘇子	4,992						4,992	3,133	1,859	3,751	1,241
胡广	578	220	195		160		1,153	3,602	[illegible]	2,376	1,223
落花生	18	37	3,882		491		4,188	6,374	2,186	6,387	2,201
爪子	6		1,391				1,397	2,680	1,283	1,841	444
雑穀及種子	1,023	703	1,709		2,335		5,770	6,419	649	5,221	549
麩	3,137	11	18				3,166	5,950	2,784	4,844	1,678
柞蚕	355		16,043				16,398	12,265	4,133	14,413	1,985
柞蚕糸	760		2,825				3,485	1,746	1,739	1,395	2,090
綿	863	737	218				1,818	975	843	1,550	268
綿糸	21	1	2,995				3,017	4,349	1,332	2,399	618
綿布	12	410	2,019		2		2,443	2,686	243	3,985	1,542
焼酒		43	507				550	1,486	936	1,982	1,432
酒類	2	16	389				407	715	308	190	217
麦酒	34		477				511	283	228	45	466
塩	643	2,432	800		2,782		6,857	9,365	2,508	86	6,771
砂糖	436	1	1,859				2,296	1,450	846	1,632	664
麦粉	141		988				1,129	3,287	2,158	1,841	712
味噌醤油	231	12	432				675	412	263	96	579
食料品	461	581	9,530	633			11,205	5,987	5,218	1,445	9,760
莨	9	658	2,251				2,918	2,045	873	1,340	1,578
木材	1,316	122	4,944				6,382	3,464	2,918	3,586	2,796
坑木			525				525	1,360	835	113	412
セメント		371	16,147	9,494			26,012	19,175	6,837	13,753	12,259
機械器具	107	79	215				[illegible]	348	53	1,259	858
金物	20,575	174	1,106		82		21,937	13,221	8,716	3,053	18,884
牛骨	3,065		54				3,119	5,460	2,341	5,192	2,073
骨粉	2,816	11	6				2,833	2,060	773	1,456	1,377
皮革類	1,086	51	1,179	26	463		2,805	1,352	1,453	1,080	1,725
麻袋	260	9	540		112		921	432	489	96	825
油類	2,008	5	1,428		1,868		5,309	3,953	1,356	3,035	2,274
薬品	1,937	626	517	2	57		3,139	354	2,785	582	2,557
燐寸			1,375				1,375	909	466	611	764
蠟燭	58	7	231				296	123	173	135	161
其他	21,527	4,642	14,612	298	1,246	+	427,295	25,455	16,894	12,613	28,716

品名	日本	朝鮮	支那	南洋	歐洲	米國	計	大正三年輸出高	大正三年比較増減	大正二年輸出高	大正二年比較増減
石油			1.067				1.067		1.067		
計	877.493	47.591	457.525	83.220	91.665	11.954	1571.428	1839.742		1515.955	55.473
大正三年中輸出高	1081.262	52.031	432.068	182.803	84.167	7.412	1839.742				
比較増減	203.769	4.460	25.458	99.583	7.498	4.542	268.314				
大正二年中輸出高	945.293	39.560	307.739	17.190	47.483	3.975	1515.955				
比較増減	67.090	8.011	149.786	16.030	46.182	7.979	55.473				

(10)

整備項目	水運港湾	運營	
索引番號	八	文書番號	21-1

備考

件名

大正四年度大連埠頭概況報告書

B列5

(12. 7. 5,000枚 松浦屋納)

No　タイプライター原稿用紙

大正五年五月三十一日

埠頭事務所

庶務課長殿

拝啓

大正四年度埠頭概況報告書並ニ統計ノ件

右茲許同封御送附申上候間御査收被下成度候

敬具